T0118259

EIN MITTELALTERLICHES WAHRSAGESPIEL

KONRAD BOLLSTATTERS LOSBUCH

IN CGM 312

DER BAYERISCHEN STAATSBIBLIOTHEK

KOMMENTIERT

VON KARIN SCHNEIDER

DR. LUDWIG REICHERT VERLAG

WIESBADEN

CIP-Kurztitelaufnahme der Deutschen Bibliothek

[Ein Losbuch Konrad Bollstatters]
Ein mittelalterliches Wahrsagespiel : Konrad Bollstatters
Losbuch in CGM 312 d. Bayer. Staatsbibliothek /
kommentiert von Karin Schneider. –
1. Aufl. – Wiesbaden : Reichert, 1978
ISBN 3-88226-014-9
NE: Schneider, Karin [Bearb.]; HST

1978 Dr. Ludwig Reichert Verlag Wiesbaden
Gesamtherstellung: Offizin Chr. Scheufele Stuttgart
Printed in Germany

INHALTSVERZEICHNIS

LOSBÜCHER

Die Losbücher gehören zur Gattung der Wahrsageliteratur.
Sie dienen der Zukunftserkundung und bestehen hauptsäch-
lich aus einer Reihe von Orakelsprüchen, die Voraussagen
für die Zukunft des Fragenden, Antworten auf seine Pro-
bleme oder auch Ratschläge bereithalten, die ihm Entschei-
dungen in schwierigen Situationen erleichtern sollen. Um
einen dieser Orakelsprüche zur Antwort zu erhalten, muß
der Fragende eine bestimmte Manipulation ausführen, deren
Ausgang dem Zufall unterworfen ist. Dieses ›Werfen des Lo-
ses‹ im übertragenen Sinn ist je nach Losbuch verschieden; es
kann durch Würfeln, durch Drehen einer Scheibe oder durch
ein ähnliches Losmittel geschehen.
Wie die Wahrsageliteratur überhaupt haben die Losbücher
eine lange Tradition und reichen weit ins Altertum zurück.
Wahrsagesprüche, die man erwürfeln konnte, sind aus dem
antiken Griechenland erhalten; lateinische Texte ähnlicher
Art stammen aus frühchristlicher Zeit. Auch die arabischen
Wahrsagemethoden beeinflußten die europäischen mittelalterlichen Losbücher stark.
Gerade das spätere Mittelalter war eine für Wahrsagerei und
Zukunftsbefragung jeder Art ausgesprochen anfällige Zeit,
in der ernsthafter Glauben an die Abhängigkeit des menschlichen Schicksals von den Planeten weit verbreitet war. Von
manchen regierenden Persönlichkeiten ist bekannt, daß sie
nichts ohne vorheriges Befragen astrologischer und divina-
torischer Bücher unternahmen; erhalten ist unter anderem
das lateinische Wahrsagebuch Wenzels, der 1376–1400

deutscher König war. Bis ins 16. Jahrhundert hinein existierten an deutschen Fürstenhöfen Wahrsage- und Losbücher.
In deutscher Sprache erscheinen die Losbücher erst verhältnismäßig spät, die ältesten erhaltenen Texte stammen aus der zweiten Hälfte des 14. Jahrhunderts. Diese häufig in reich illustrierten Handschriften überlieferten spätmittelalterlichen Losbücher schlagen meist einen leichten scherzhaften Ton an und stehen auf der Grenze zwischen abergläubiger Wahrsagerei und geselligem unterhaltendem Spiel; je nachdem überwiegt in ihnen das eine oder andere Element.

Daß trotzdem die Losbücher kirchlicherseits allgemein auf Ablehnung stießen, also von dieser Seite durchaus ernstgenommen wurden, geht aus verschiedenen theologischen Schriften dieser Zeit hervor. Besonders in Beichttraktaten und katechetischen Schriften wird der Glaube an Losbücher oft gleichgewichtig mit Zauberei unter den Verstößen gegen das erste Gebot aufgeführt.

Es sind nur wenige deutsche Losbücher in Handschriften des 14. und 15. Jahrhunderts erhalten geblieben, man kennt nicht viel mehr als ein gutes Dutzend verschiedener Texte. Besonders wertvoll ist daher eine reich illustrierte Handschrift, die eine ganze Sammlung von zehn deutschen Losbüchern enthält. Teilweise sind es nach älteren Vorlagen kopierte und auch in anderen Handschriften überlieferte Texte, teilweise aber – wie das im folgenden reproduzierte Losbuch – Neubearbeitungen für diese spezielle Sammlung. Die Handschrift, Cgm 312 der Bayerischen Staatsbibliothek München, ist zwischen 1450–75 entstanden, ihr Schreiber, Vorbesitzer und teilweise auch Autor war Konrad Bollstatter von Öttingen.

BIOGRAPHIE KONRAD BOLLSTATTERS

Konrad Bollstatter wurde um das Jahr 1420 in Öttingen im schwäbischen Ries geboren. Sein Vater war gräflich öttingischer Notar und Schreiber und stammte, wohl illegitim, von der adeligen, im Ries ansässigen Familie von Bollstadt ab, deren Wappen er wie auch sein Sohn verwendete. Konrad Bollstatter nannte sich selbst außerdem mit verschiedenen anderen Namen, er signierte häufig als Konrad Müller, manchmal latinisiert zu Molitor oder Mulitor, daneben als Konrad Schreiber, Konrad von Öttingen und einmal als Konrad Lappleder von Deiningen. Das ist im Spätmittelalter kein ungewöhnliches Verfahren, denn auch in der zweiten Hälfte des 15. Jahrhunderts waren die Personennamen noch nicht völlig fest geworden, und Familien-, Vaters- und Übernamen sowie Herkunfts- und Berufsbezeichnungen kommen als gleichwertig nebeneinander gebrauchte Benennungen für ein und dieselbe Person in dieser Zeit häufig vor. Wie sein Vater trat Konrad Bollstatter zunächst als Kanzlist in den Dienst der Grafen von Öttingen; durch seine Einträge in das öttingische Lehenbuch und durch sonstige Kanzleikorrespondenz ist er dort in den Jahren 1446–52 nachzuweisen. 1453 verließ er die öttingische Kanzlei, um sich forthin seinen Lebensunterhalt als Berufsschreiber zu verdienen. Seine weiteren Lebensstationen können aus den Orts- und Zeitangaben abgelesen werden, mit denen er seine Handschriften abzuschließen pflegte. Zwischen 1455–58 lebte er in Höchstädt an der Donau, das damals zu Bayern gehörte. 1458, vielleicht auch öfter, hielt er sich auf Schloß Hohenrechberg auf, wo er neben dem Bücherkopieren mit notarieller Schreibarbeit beschäftigt war. Aus den frühen sechziger Jahren des 15. Jahrhunderts haben wir keine Lebenszeugnisse Bollstatters; in dieser Zeit war das schwäbische Ries Hauptschauplatz des Krieges zwischen Herzog Ludwig von Bayern-Landshut und dem Markgrafen Albrecht Achilles von Brandenburg. Vielleicht fallen Reisen in diese Jahre: gelegentlich erwähnt Bollstatter die Niederlande und Flandern in persönlichen Bemerkungen, wie im Losbuch Bl. 142^v; es wäre auch denkbar, daß er in dieser Zeit eine Pilgerfahrt ins heilige Land unternahm, von der er in seinen späteren Lebensjahren in einem kleinen Ratgeber für Jerusalempilger spricht.

1466 ist Bollstatter erstmals in Augsburg nachweisbar, wo er bis zu seinem Tod um 1482 seinen ständigen Wohnsitz hatte und sich offensichtlich als Lohnschreiber fortbrachte. Finanziell scheint es ihm in diesen Jahren nicht eben gut gegangen zu sein, denn aus den Augsburger Steuerlisten ist zu ersehen, daß er stets nur den geringsten Steuersatz zahlte, auch kein eigenes Haus besaß, sondern als öfters wechselnder Mieter verschiedener Hauswirte erscheint. In der Zeit des beginnenden Buchdrucks, der seit 1468 in Augsburg einen schnellen Aufschwung nahm, steht Bollstatter am Ende seines Berufsstandes als privater Bücherschreiber.

Bisher sind insgesamt 15 von Konrad Bollstatter ganz oder teilweise geschriebene Codices in den Handschriftensammlungen verschiedener großer Bibliotheken bekannt geworden. Berücksichtigt man dazu den großen Prozentsatz mittelalterlicher Handschriften, die im Lauf der Jahrhunderte verloren gingen, so kann man auf ein sehr umfangreiches Gesamtwerk Bollstatters schließen.

DIE HANDSCHRIFT

Das faksimilierte Losbuch ist auf Bl. 120^r–143^r des reich illustrierten Cgm 312 der Bayerischen Staatsbibliothek München eingetragen. Dieser Papiercodex vom Format 29,5 × 20,5 cm besteht aus 177 Blättern. Er enthält insgesamt zehn verschiedene Losbuchtexte und zwischen ihnen ganzseitige Darstellungen von Glücksrädern. Mit Ausnahme der Blätter 66–71, die aus einer anderen Handschrift übernommen scheinen, ist Cgm 312 durchgehend von Bollstatter geschrieben.

Schrift

Bollstatters Schrift ist eine typische spätmittelalterliche zur Buchschrift hochstilisierte Kursive, mit dem paläographischen Fachausdruck ›Bastarda‹ genannt, leicht nach rechts geneigt und flüssig. Im Cgm 312 ist Bollstatters Jugend- und Altersschrift vertreten, die beide die gleichen Grundzüge aufweisen; doch schrieb er als junger Mann unausgeglichener und enger, und es lag wohl am Einfluß der Kanzleischrift, daß seine Buchstaben in diesen Jahren zu manieriert wirkenden übermäßigen Schleifen und Brechungen neigten, wie z. B. auf Bl. 127^{r-v}. Später wurde seine Schrift klarer und einfacher, zugleich zügiger, da in zunehmendem Maße Buchstabengruppen mittels durchgezogener Schleifen miteinander verbunden werden (vgl. Bl. 120^{r-v}).
Neben dieser Bastardschrift für den laufenden Text verwendete Bollstatter für besonders hervorzuhebende Stellen wie

Über- und Umschriften die sogenannte Textualis (im Losbuch z. B. die Namen der Berge im äußeren Kreis der Scheibe Bl. 121ʳ). Diese vor allem im 14. Jahrhundert gebrauchte Buchschrift wurde im späten 15. Jahrhundert fast nur noch für feierliche liturgische Handschriften und zur Hervorhebung von Titeln und Zitaten verwendet.

Zusätzlich erscheint im Losbuch ein weiteres Majuskel-Alphabet (vgl. z. B. Bl. 121ʳ die Überschrift ›Die Perge‹), eine Art Übergangsschrift zwischen gotischer Majuskel und frühhumanistischer Kapitalis, die auf Inschriften, aber auch gelegentlich für Titel gerade in Augsburger Handschriften des späten 15. Jahrhunderts Verwendung fand.

Die einzelnen hebräischen Buchstaben, die Bollstatter z. B. im Losbuch Bl. 121ᵛ–123ʳ im Inneren der Scheiben aufzeichnete, sind wahrscheinlich aus einem der handschriftlich häufig überlieferten Musteralphabete übernommen und weisen wohl kaum auf hebräische Sprachkenntnisse, die im späten Mittelalter nicht sehr verbreitet waren.

Ausstattung

Bollstatters besondere Begabung zeigt sich in der Ausgestaltung seiner Handschriften. Auf die kalligraphische Ausführung und den optischen Gesamteindruck jeder einzelnen Seite scheint er großen Wert gelegt zu haben und erweist sich durch die Sorgfalt, die er auf die Präsentation seiner Texte verwendet, als wahrer Schreibkünstler. Doch beharrte er dabei im Grunde auf einer Anzahl erprobter Formen, so daß sich alle seine Handschriften in ihrer Aufmachung irgendwie gleichen; das faksimilierte Losbuch ist in dieser Hinsicht durchaus repräsentativ für seine Arbeitsweise. Er macht reichlichen Gebrauch von den im Spätmittelalter üblichen verschiedenen Initialformen. Einfache Lombarden – unverzierte, gerundete Großbuchstaben – bringt er in verschiedenen Farben und lockert damit den Text optisch auf. Daneben gebraucht er häufig die verschiedenen verzierten Initialen, die entweder mit gleich- oder andersfarbigem Fleuronnée gefüllt oder gerahmt sind, wie auf Bl. 128^v–131^v, oder in deren Buchstabenkörper Ornamente ausgespart werden (Bl. 127^r). Eine andere Art von mehr kalligraphischen Initialen bildet er zu oft grotesken Formen aus, wie in den obersten Zeilen von Bl. 129^v und 133^r.

Auffallend ist die Vielfarbigkeit in Bollstatters Handschriften. Die Farben von Initialen und Überschriften werden immer wieder gewechselt; er verwendet dazu neben dem im Mittelalter üblichen, alternierend gebrauchten Rot und Blau auch Grün in verschiedenen Nuancen, daneben Gelb, Ocker, Braun und Violett.

Charakteristisch für Bollstatter sind auch die aus konzentrischen, meist mehrfarbigen Kreisen gebildeten Medaillons oder Scheiben, die er in seine Texte hineinstellt. Im Cgm 312 sind sie in das Losbuch integriert; in anderen Handschriften tauchen sie ebenfalls auf, rahmen Illustrationen oder sind von einem umlaufenden Spruchband umgeben.

Illustrationen

Mit der Darstellung der Könige ab Bl. 127^r beginnt im Losbuch eine Reihe figürlicher Darstellungen. Es sind zügige, routinierte, manchmal etwas nachlässig ausgeführte Federzeichnungen, koloriert in den Farben purpur, orange, blau, ockergelb, gelblichgrün und grau. Die Schattenpartien sind fast durchweg farbig, die Lichter weiß ausgespart; auf Darstellung eines Hintergrundes wurde weitgehend verzichtet. Die Zeichnungen stammen überwiegend von der gleichen Hand, nur der ›König von Apulien‹ auf Bl. 130ᵛ weicht leicht von den übrigen Königen ab.

Bollstatter besaß zwar selbst zeichnerisches Talent, wie einige an Initialen angefügte Fratzen von seiner Hand im öttingischen Lehenbuch beweisen. Doch ist es anhand dieses geringen und zudem rund 25 Jahre älteren Vergleichsmaterials kaum möglich, eindeutig festzustellen, ob Bollstatter das vorliegende Losbuch und andere seiner Handschriften selbst illustrierte oder ob die Bilder von anderer Hand in einer Augsburger Werkstatt um 1473–75 angefertigt wurden.

Entstehung der Handschrift

Cgm 312 ist nicht in einem Zug entstanden, sondern stellt das Endergebnis einer fast 25jährigen Sammeltätigkeit Bollstatters dar. Das ergibt sich aus den Datierungen der einzelnen Texte zwischen 1450 und 1473, wie auch aus dem augenfälligen Wandel von Bollstatters Schrift. Die Prüfung der Wasserzeichen der verschiedenen verwendeten Papiersorten erbrachte ebenfalls das Ergebnis, daß die Handschrift aus älteren und jüngeren Teilen zusammengesetzt ist. Auch das faksimilierte Losbuch besteht wie der gesamte Codex in sich aus Teilen verschiedenen Alters:
Bl. 120ʳ⁻ᵛ gehört der Schrift nach eindeutig in Bollstatters spätere Lebensjahre und ist wohl um 1473 geschrieben.
Bl. 121–126 zeigt Bollstatters Jugendschrift, lediglich einige Sektoren der Scheibe auf Bl. 126ᵛ sind möglicherweise erst zu einem späteren Zeitpunkt von ihm ausgefüllt worden. Die

Gesamtanlage dieser Seiten stammt jedenfalls aus den fünfziger Jahren.

Bl. 127–134 mit den Darstellungen der Könige ist datiert vom Jahr 1459 (auf 127^r und 131^r). Diese Blätter sind später von Bollstatter mehrfach überarbeitet und ergänzt worden, wie aus dem Gebrauch unterschiedlich breiter Federn und verschiedenfarbiger Tinten hervorgeht. Die Medaillons mit den Illustrationen sind erst später eingeklebt worden. Schließlich wurde Bl. 135–143 mit den Vierergruppen nach Papier und Schrift um 1467–74 angefertigt.

Einleitung und Schlußteil wurden also erst in den siebziger Jahren in Augsburg geschrieben und zu dem um 1459 entstandenen Hauptteil des Losbuchs neu hinzugefügt, wobei Bollstatter nicht überall auf genaue inhaltliche Übereinstimmung der alten mit den neuen Partien achtete; daher rühren die im anschließenden Textteil angemerkten und korrigierten einzelnen Irrtümer.

Neben Cgm 312 sind drei weitere Handschriften erhalten, die auf die gleiche Weise zustandegekommen sind und deren Texte Bollstatter über Jahrzehnte hinweg immer wieder ergänzte und korrigierte. Offensichtlich hat er diese Bücher für sich selbst zusammengeschrieben; sie dienten möglicherweise auch als Musterbände, die er seinen Kunden vorlegte. Gerade die Losbuchsammlung mag er wohl auch zum persönlichen Privatgebrauch und zur Unterhaltung innerhalb seines eigenen Familien- oder Freundeskreises angefertigt haben.

Einband

Die Handschrift hat noch ihren Originaleinband vom Ende
des 15. Jahrhunderts. Er besteht aus Holzdeckeln mit dun-
kelbraunem Kalblederüberzug, der mit Einzelstempeln teils
in Blind-, teils in Golddruck reich verziert ist. Die gleichen
Stempel, u. a. die Evangelistensymbole, ein Lamm mit
Kreuzfahne, ein Adler und ein kleiner Vogel, erscheinen auch
auf einigen anderen Augsburger Einbänden; die Augsburger
Buchbinderwerkstatt, der sie angehörten, arbeitete auch für
das Kloster St. Ulrich und Afra.

Spätere Geschichte der Handschrift

Aus Bollstatters Privatbesitz kam die Handschrift an das
Augsburger Benediktinerkloster St. Ulrich und Afra; auf
welche Weise und zu welchem Zeitpunkt, ist unbekannt.
1794 wird sie noch im Katalog dieser Klosterbibliothek von
Placidus Braun erwähnt. Nach 1802 wurde der Band im
Zuge der Säkularisation, offenbar wegen seiner prächtigen
Ausstattung, zur Einreihung in die Bestände der Münchener
Hofbibliothek ausgewählt.

ZUM TEXT DES LOSBUCHS

Das faksimilierte Losbuch ist nur in dieser einzigen Aufzeichnung überliefert. Seit dem Bekanntwerden der Handschrift hat man in der Person des Schreibers zugleich auch den Autor oder wenigstens Bearbeiter des Textes vermutet. Daß diese Vermutung zutrifft, läßt sich jetzt bestätigen. Konrad Bollstatter war sehr belesen und besaß umfangreiche Kenntnisse der deutschen Literatur. Das scheint für einen Schreiber, der sich mit dem Kopieren deutscher Dichtung befaßt, zunächst nicht ungewöhnlich. Doch gingen seine Interessen auf diesem Gebiet weit über das nur Berufsmäßige hinaus und er befaßte sich aus wirklicher Neigung vor allem mit der ritterlichen Ependichtung der mittelhochdeutschen Blütezeit, mit der Volksepik und Spruchdichtung; nicht weniger aufgeschlossen stand er auch der modernen zeitgenössischen Literatur gegenüber. Seine literarischen Kenntnisse treten überall da zutage, wo er in seinen Handschriften als überarbeitender Redaktor erscheint. So baut er in seine Abschrift von Sigismund Meisterlins Augsburger Chronik selbständig und unter eigenem Namen eine Episode aus dem verbreiteten deutschen Roman vom Trojanischen Krieg ein. In einer von ihm zusammengestellten Spruchsammlung, deren Handschrift jetzt in London (British Museum Add. 16 581) aufbewahrt wird, legt er die einzelnen Reimsprüche fingiert unter anderem mittelalterlichen deutschen Autoren und literarischen Figuren in den Mund und läßt wie im Losbuch z. B. Wolfram vom Eschenbach und den Brennberger sowie die Artusritter Iwein, Lanzelot, Wigalois und

Tristan auftreten. Diese Beispiele zeigen, daß Bollstatter seine Kenntnisse auch selbst literarisch in bescheidenem Ausmaß zu verwerten verstand. Am Schluß eines kleinen Gedichts ›Vom Teufel und seinen acht Töchtern‹ in einer Berliner Handschrift (mgf 564) nennt er sich zudem selbst als Verfasser.

Seine Kenntnisse vor allem der älteren deutschen Literatur hatte sich Bollstatter schon in seiner Jugend erwerben können und zwar in der Bibliothek der Grafen von Öttingen, die ihm wohl offengestanden hat; denn wir wissen, daß sein Vater, der gräfliche Notar und Kanzlist, einen Teil dieser öttingischen Büchersammlung in seiner Verwahrung hatte. Durch zwei erhaltene Verzeichnisse sind wir außerdem über die Zusammensetzung dieser Bibliothek unterrichtet. Es war in ihr ganz besonders die ritterliche und Heldenepik stark vertreten, die man zu dieser Zeit gerade in adeligen Kreisen und an manchen Fürstenhöfen noch gerne las, wenn sie auch im ausgehenden Mittelalter bereits ein wenig altmodisch geworden war und inzwischen durch neue Gattungen und Schriften schon im frühhumanistischen Geist abgelöst wurde. Bollstatter hat die in Öttingen vorhandenen Dichtungen aus Artus- und Gralssage und die deutschen Dietrichepen nachweislich gekannt und ihre Haupthelden mehrfach in seinen eigenen Arbeiten auftreten lassen.

Interessanterweise nennt das Bibliotheksverzeichnis unter den öttingischen Büchern auch zwei Losbücher, die leider nicht erhalten geblieben sind; durch sie hat vielleicht der junge Bollstatter diese literarische Gattung kennengelernt, sie wohl auch teilweise als Vorlagen benutzt.

Nach einer Vorlage ist sicher der erste Teil unseres Losbuchs gearbeitet, der aus den 16 Fragen, den 12 Scheiben mit den Tier-, Pflanzen- und geographischen Namen und den Ant-

worten der 16 Könige besteht. Soweit stimmt der Text über-
ein mit einem lateinischen Losbuch, den sogenannten ›Pre-
nostica Socratis Basilei‹, das schon seit dem 12. Jahrhundert
im Umlauf war und bis ins Spätmittelalter hinein immer
wieder abgeschrieben wurde. Auf Bollstatters Überarbei-
tung des vorgegebenen Textes weisen einige in den Scheiben
vorkommende Namen, in jedem Fall die beiden Berge auf
Bl. 121^r: der Ipf in der Nähe von Nördlingen und der Hesselberg, der auch im öttingischen Gebiet lag.

Schon im Bereich der 16 Könige beginnt jedoch Bollstatters
Losbuch von der Vorlage abzuweichen, denn hier findet der
Leser nicht wie im lateinischen Text die definitiven Antworten auf die Fragen, sondern nur zur Hälfte abschließende Orakelsprüche; die andere Hälfte der Könige verweist weiter auf
den von Bollstatter neu hinzugefügten dritten Teil des Losbuchs, der die Vierergruppen enthält. Auf diese Weise wird
eine Ausweitung des Spiels bewirkt, die für einen Teil der
Fragenden, die ihren Spruch im ersten Durchgang noch nicht
erhielten, die Spannung erhöht. Ab Bl. 135^r läßt Bollstatter
jeweils vier zusammengehörige Figuren als Verkünder der
Lossprüche auftreten. Zunächst sind auch sie dem üblichen
Repertoire der Losbuchliteratur entnommen: alttestamentli-
che Gestalten, Evangelisten, Kirchenväter, antike Gelehrte,
die Elemente und die Winde aus den vier Himmelsrichtun-
gen als Orakelsprecher finden sich häufig in anderen deutschen Losbüchern des 14. und 15. Jahrhunderts.

Eigene Zusätze Bollstatters, der damit nun als Autor oder
Redaktor dieses Texts in Erscheinung tritt, sind zunächst die
vier geistlichen und weltlichen Fürsten und die vier Grafen,
unter denen bezeichnenderweise der Graf von Öttingen genannt wird. Ganz sicher hat Bollstatter auch die dann folgenden literarischen Figuren in das Losbuch eingeführt: die

Gralsritter (Bl. 139^v), die Ritter von der Tafelrunde aus der Artussage (140^r), die Recken aus dem Sagenkreis um Dietrich von Bern (142^r) und die vier Minnesänger (142^v). Die Orakelsprüche selbst halten sich in Formulierung und Inhalt ganz im Rahmen des in der Losbuchliteratur Üblichen. Sie sind in die Form von Ratschlägen gekleidet und meist mit persönlich gefärbten Zusätzen versehen wie ›das glaube mir fur ain warhayt gar‹ oder ›das wiß sicherlichen‹. Vorwiegend sind die Antwortsprüche positiven oder doch unverbindlichen Inhalts, unerfreuliche Sprüche werden häufig durch einschränkende oder beschönigende Zusätze gemildert. Immerhin enthält das Losbuch auch einzelne wirklich negative Lossprüche.

Mundart

Der Text des Losbuchs weist wie alle übrigen Handschriften Bollstatters die typischen Eigenheiten spätmittelalterlicher ostschwäbischer Mundart und Schreibweise auf, wie sie in Schriftdenkmälern dieser Zeit aus Augsburg und dem schwäbischen Ries zu beobachten sind. Der Dialekt zeigt nebeneinander Merkmale des Schwäbischen und des Bairischen, an dessen Sprachgrenze er lokalisiert ist. Als gewandter Schreiber vermeidet Bollstatter jedoch stark mundartlich gefärbte Formen in Dialekt und Orthographie.

Zur Wiedergabe des Losbuchtextes

Der Text, der im folgenden den Bildern beigegeben ist, stellt keine wörtliche und vollständige Übersetzung des Losbuchtextes ins Neuhochdeutsche dar. Eine solche würde einerseits Bollstatters Originalsprache nicht gerecht, andererseits wäre die vollständige Wiedergabe der meist formelhaften Wiederholungen unnötig und in ihrer Wirkung ermüdend. So wird nur eine gekürzte Fassung des Textes unter Wahrung des Sinngehalts angestrebt, die auch dem in mittelalterlicher Sprache und Schrift Ungeübten den praktischen Gebrauch des Losbuchs ermöglichen und zum besseren Verständnis des handschriftlichen Textes beitragen soll, wozu auch die von Fall zu Fall beigegebenen Erklärungen einzelner Begriffe und Darstellungen dienen mögen.

Für die Benutzung des Losbuchs gelten ganz bestimmte 120ʳ Spielregeln, die Bollstatter in einer Art Gebrauchsanweisung dem eigentlichen Text vorangestellt hat. Danach kann man sich auch heute noch aus dem Losbuch einen Orakelspruch auf eine der meist ganz allgemein gehaltenen und daher aktuell gebliebenen Fragen holen.
Man benötigt zu dem Wahrsagespiel außer dem Losbuch nichts als zwei Würfel. Unter den 16 Fragen, die auf der nächsten Seite verzeichnet sind, sucht sich der Spieler diejenige heraus, deren Beantwortung ihm am Herzen liegt. Dann werden die zwei Würfel geworfen und die Augen addiert. Die Summe muß zwischen 2 und 10 Augen betragen. Die Zahlen 11 und 12 haben keine Gültigkeit; wer sie erwürfelt, muß den Wurf wiederholen.
Sämtliche 144 Kombinationen aus Fragen und Zahlen, die

sich ergeben können, sind in den folgenden 12 Scheiben mit je 12 Sektoren enthalten. Man sucht sich hier die gewählte Frage in Verbindung mit der gewürfelten Zahl heraus und wird in dem betreffenden Sektor auf den nächsten Teil des Losbuchs weiterverwiesen.

Der Fragende gerät dann in den Bereich der 16 Könige, von denen jeder 9 verschiedene Antworten erteilt. Davon sind jeweils fünf schon definitive Orakelsprüche, so daß 80 Fragen bereits in diesem Losbuchteil beantwortet werden; für manchen ist also hier das Spiel schon zu Ende. Die übrigen vier Sprüche eines jeden Königs verweisen den Spieler in den letzten Losbuchteil. Hier geben 16 Gruppen von je 4 Figuren insgesamt weitere 64 Orakelsprüche, so daß letzten Endes jede der 144 möglichen Fragen- und Zahlenkombinationen mit einem eigenen Spruch beantwortet ist.

Abmildernd-spaßhaft meint Bollstatter zu Ende seiner Gebrauchsanweisung: wer dem Losbuch nicht glaube, sei trotzdem ein guter Christ; man solle sich nicht zu sehr auf die Wahrsagesprüche verlassen.

Ob etwas Gewünschtes eintrifft, das einem am Herzen liegt
oder worum man sich bemüht.

Ob ein Freund oder ein Gesell zuverlässig ist.

Ob ein Witwer oder ein Junggeselle heiraten soll.

Ob ein Kranker wieder gesund wird.

Ob ein Mensch, der auf Reisen ist, wiederkommt.

Ob man reicher wird.

Ob ein Mädchen oder eine Witwe heiraten soll.

Ob ein bestimmter Tag günstig zum Kämpfen ist.

Ob ein geliebter Mensch treu ist.

Ob man im Spiel gewinnt.

Ob eine bestimmte Zeit günstig zum Verhandeln ist.

Ob sich etwas Verlorenes wiederfindet.

Ob man jemand, den man im Sinn hat, zum (zur) Liebsten
nehmen soll.

Ob man seine Schulden wird bezahlen können.

Ob ein Gefangener freikommt.

Ob man von seinen Sorgen befreit wird.

121^r Die Scheiben und ihre Sektoren tragen die Namen von Tieren, Pflanzen, geographischen Bezeichnungen, Edelsteinen und Aposteln, denen die Verweise auf die Könige in den Mund gelegt werden. Sie haben eine rein dekorative Funktion und sind für das Spiel selbst ohne Bedeutung.

In der folgenden Kurzfassung werden die Texte der Sektoren im Uhrzeigersinn gelesen, beginnend jeweils oben mit der niedrigsten Zahl.

2 Augen. Ob der Freund oder der Gesell zuverlässig ist: König von Sizilien, 2. Zeile.

5 Augen. Ob etwas Gewünschtes eintrifft: König von Frankreich, 5. Zeile.

8 Augen. Ob ein Witwer oder ein Junggeselle heiraten soll: König von Schottland, 8. Zeile.

2 Augen. Ob der Kranke gesund wird: König von Frankreich, 2. Zeile.

5 Augen. Ob ein Mensch, der auf Reisen ist, wiederkommt: König von Litauen, 5. Zeile.

8 Augen. Ob man reicher wird: König von Frankreich, 8. Zeile.

2 Augen. Ob ein Mädchen oder eine Witwe heiraten soll: König von Litauen, 2. Zeile.

5 Augen. Ob man kämpfen soll: König v. Reussen, 5. Zeile.

8 Augen. Ob deine Liebste treu ist: König von Sizilien, 8. Zeile.

2 Augen. Ob man im Spiel gewinnt: König von Reussen, 2. Zeile.

5 Augen. Ob die Zeit zum Verhandeln günstig ist: König von Apulien, 5. Zeile.

8 Augen. Ob sich etwas Verlorenes wiederfindet: König von Böhmen, 8. Zeile.

Die Namen der Berge: Sinai (im Mittelalter Wallfahrtsort für Jerusalempilger), Gelboe (biblischer Berg), Ipf (bei Nördlingen im Ries), Aricht (unbekannt), Oselberg (Hesselberg bei Öttingen), Tabor (biblischer Berg), Olymp, Cyrus (Zypern?), Garganus (Berg in Apulien), Ypperberg (unbekannt), Ölberg, Caspie (der Kaukasus, am kaspischen Meer).

2 Augen. Ob man von seinen Sorgen befreit wird: König von England, 2. Zeile.

5 Augen. Ob der Freund oder der Gesell zuverlässig ist: König von Babylon, 5. Zeile.

8 Augen. Ob etwas Gewünschtes eintrifft: König von Dänemark, 8. Zeile.

2 Augen. Ob man seine Schulden bezahlen kann: König von Griechenland, 2. Zeile.

5 Augen. Ob der Kranke gesund wird: König von Böhmen, 5. Zeile.

8 Augen. Ob ein Mensch, der auf Reisen ist, wiederkommt: König von Griechenland, 8. Zeile.

2 Augen. Ob der Gefangene freikommt: König von Preußen, 2. Zeile.

5 Augen. Ob ein Mädchen oder eine Witwe heiraten soll: König von Marokko, 5. Zeile.

8 Augen. Ob man kämpfen soll: König v. Apulien, 8. Zeile.

2 Augen. Ob deine Liebste treu ist (nicht wie irrtümlich in der Handschrift: Ob man jemand zur Liebsten nehmen soll): König von Dänemark, 2. Zeile.

5 Augen. Ob man im Spiel gewinnt: König von Krakau, 5. Zeile.

8 Augen. Ob die Zeit zum Verhandeln günstig ist: König von Preußen, 8. Zeile.

Die Namen der Vögel: Sperber, Sittich, Falke, Sackers (kleinere Falkenart), Pelikan, Phoenix, Eisvogel, Galander (Haubenlerche), Nachtigall, Habicht, Strauß, Greif.

4 Augen. Ob man von seinen Sorgen befreit wird: König von Sizilien, 4. Zeile.

7 Augen. Ob der Freund oder Gesell zuverlässig ist: König von England, 7. Zeile.

10 Augen. Ob etwas Gewünschtes eintrifft: König von Ungarn, 10. Zeile.

4 Augen. Ob man seine Schulden bezahlen kann: König von Reussen, 4. Zeile.

7 Augen. Ob der Kranke gesund wird: König von Schottland, 7. Zeile.

10 Augen. Ob ein Mensch, der auf Reisen ist, wiederkommt: König von Apulien, 10. Zeile.

4 Augen. Ob der Gefangene freikommt: König von Terrame, 4. Zeile.

10 Augen. Ob man kämpfen soll: König von Dänemark, 10. Zeile.

4 Augen. Ob ein Witwer oder Junggeselle heiraten soll (nicht wie irrtümlich in der Handschrift: Ob man jemand zur Liebsten nehmen soll): König von England, 4. Zeile.

7 Augen. Ob man im Spiel gewinnt: König von Dänemark, 7. Zeile.

10 Augen. Ob die Zeit zum Verhandeln günstig ist: König von England, 10. Zeile.

7 Augen. Ob ein Mädchen oder eine Witwe heiraten soll: König von Krakau, 7. Zeile.

Die Namen der Tiere: Kamel, Löwe, Tiger, Einhorn, Panther, Wolf, Hirsch, Hermelin, Elefant, Biber, Wiesel, Leopard.

3 Augen. Ob der Freund oder Gesell zuverlässig ist: König von Reussen, 3. Zeile.

6 Augen. Ob etwas Gewünschtes eintrifft: König von Babylon, 6. Zeile.

9 Augen. Ob ein Witwer oder Junggeselle heiraten soll: König von England, 3. Zeile.

3 Augen. Ob der Kranke gesund wird: König von Sizilien, 3. Zeile.

6 Augen. Ob ein Mensch, der auf Reisen ist, wiederkommt: König von Böhmen, 6. Zeile.

9 Augen. Ob man reicher wird: König von Sizilien, 9. Zeile.

3 Augen. Ob ein Mädchen oder eine Witwe heiraten soll: König von Böhmen, 3. Zeile.

6 Augen. Ob man kämpfen soll: König von Frankreich, 6. Zeile.

9 Augen. Ob deine Liebste treu ist: König von Frankreich, 9. Zeile.

3 Augen. Ob man im Spiel gewinnt: König von Terrame, 3. Zeile.

6 Augen. Ob die Zeit zum Verhandeln günstig ist: König von Reussen, 6. Zeile.

9 Augen. Ob sich etwas Verlorenes wiederfindet: König von Reussen, 9. Zeile.

Die Namen der Pflanzen: Verbena (Eisenkraut), Zinnwurz, Enzian, Galgantwurzel, Sauwurz, Hirschwurz, Drachenwurz, Bibernelle, Attichwurz (Zwergholunder), Kranichwurz, Karioffelwurz (Cariophyllata, Gewürznelke), Sonnenwirbel (Wegwarte).

2 Augen. Ob etwas Gewünschtes eintrifft: König von Marokko, 2. Zeile.

5 Augen. Ob ein Witwer oder Junggeselle heiraten soll: König von England, 5. Zeile.

8 Augen. Ob man seine Schulden bezahlen kann: König von Krakau, 8. Zeile.

2 Augen. Ob ein Mensch, der auf Reisen ist, wiederkommt: König von Krakau, 2. Zeile.

5 Augen. Ob man reicher wird: König v. Terrame, 5. Zeile.

8 Augen. Ob der Gefangene freikommt: König von Babylon, 8. Zeile.

2 Augen. Ob man kämpfen soll: König von Schottland, 2. Zeile.

5 Augen. Ob deine Liebste treu ist: König von Griechenland, 5. Zeile.

8 Augen. Ob man jemand zur Liebsten nehmen soll: König von Terrame, 8. Zeile.

2 Augen. Ob die Zeit zum Verhandeln günstig ist: König von Böhmen, 2. Zeile.

5 Augen. Ob sich etwas Verlorenes wiederfindet: König von Dänemark, 5. Zeile.

8 Augen. Ob man von seinen Sorgen befreit wird: König von England, 8. Zeile.

Die Namen der Kräuter: Polei, Rose, Salbei, Raute, Klee, Materskraut (vielleicht Maratrum, wilder Fenchel?), Ymankraut (unbekannt), Schafgarbe, Fenchel, Lilie, Veilchen, Cytloskraut (Herbstzeitlose).

4 Augen. Ob der Freund oder Gesell zuverlässig ist: König von Griechenland, 4. Zeile.

7 Augen. Ob etwas Gewünschtes eintrifft: König von Preußen, 7. Zeile.

10 Augen. Ob ein Witwer oder Junggeselle heiraten soll: König von Sizilien, 10. Zeile.

4 Augen. Ob der Kranke gesund wird: König von Preußen, 4. Zeile.

7 Augen. Ob ein Mensch, der auf Reisen ist, wiederkommt: König von Babylon, 7. Zeile.

10 Augen. Ob man reicher wird: König von Babylon, 10. Zeile.

4 Augen. Ob ein Mädchen oder eine Witwe heiraten soll: König von Schottland, 4. Zeile.

7 Augen. Ob man kämpfen soll: König v. Sizilien, 7. Zeile.

10 Augen. Ob deine Liebste treu ist: König von Reussen, 10. Zeile.

4 Augen. Ob man im Spiel gewinnt: König von Böhmen, 4. Zeile.

7 Augen. Ob die Zeit zum Verhandeln günstig ist: König von Terrame, 7. Zeile.

10 Augen. Ob sich etwas Verlorenes wiederfindet: König von Böhmen, 10. Zeile.

Die Namen der Fische: Hausen, Hecht, Karpfen, Stör, Aal, Värchen (Forelle), Cetus (Walfisch), Schleie, Salm, Rot (Rott, ein rötlicher Fisch), Waller, Äsche.

3 Augen. Ob man von seinen Sorgen befreit wird: König von Schottland, 3. Zeile.

6 Augen. Ob der Freund oder Gesell zuverlässig ist: König von Schottland, 6. Zeile.

9 Augen. Ob etwas Gewünschtes eintrifft: König von Krakau, 9. Zeile.

3 Augen. Ob man seine Schulden bezahlen kann: König von Babylon, 3. Zeile.

6 Augen. Ob der Kranke gesund wird: König von Ungarn, 6. Zeile.

9 Augen. Ob ein Mensch, der auf Reisen ist, wiederkommt: König von Preußen, 9. Zeile.

3 Augen. Ob der Gefangene freikommt: König von Ungarn, 3. Zeile.

6 Augen. Ob ein Mädchen oder eine Witwe heiraten soll: König von Terrame, 6. Zeile.

9 Augen. Ob man kämpfen soll: König v. Böhmen, 9. Zeile.

3 Augen. Ob man jemand zur Liebsten nehmen soll: König von Böhmen, 3. Zeile.

6 Augen. Ob man im Spiel gewinnt: König von Preußen, 6. Zeile.

9 Augen. Ob die Zeit zum Verhandeln günstig ist: König von Ungarn, 9. Zeile.

Die Namen der Edelsteine: Beryll, Rubin, Topas, Smaragd, Karfunkel, Chrysolyth, Granat, Jaspis, Sardius, Hyazinth, Magnetstein, Diamant.

4 Augen. Ob ein Witwer oder Junggeselle heiraten soll: König von Apulien, 4. Zeile.

7 Augen. Ob man seine Schulden bezahlen kann: König von Litauen, 7. Zeile.

10 Augen. Ob der Kranke gesund wird: König von Krakau, 10. Zeile.

4 Augen. Ob man reicher wird: König von Dänemark, 4. Zeile.

7 Augen. Ob der Gefangene freikommt: König von Apulien, 7. Zeile.

10 Augen. Ob ein Mädchen oder eine Witwe heiraten soll: König von Frankreich, 10. Zeile.

4 Augen. Ob deine Liebste treu ist: König von Ungarn, 4. Zeile.

10 Augen. Ob man im Spiel gewinnt: König von Schottland, 10. Zeile.

7 Augen. Ob man jemand zur Liebsten nehmen soll: König von Reussen, 7. Zeile.

7 Augen. Ob man von seinen Sorgen befreit wird: König von Frankreich, 7. Zeile.

4 Augen. Ob sich etwas Verlorenes wiederfindet: König von Babylon, 4. Zeile.

10 Augen. Ob der Freund oder Gesell zuverlässig ist: König von Preußen, 10. Zeile.

Die Namen der Apostel: Paulus, Petrus, Bartholomäus, Jacobus, Johannes, Andreas, Judas, Matthäus, Simon, Matthias, Philippus, Thomas.

3 Augen. Ob ein Mensch, der auf Reisen ist, wiederkommt: König von Dänemark, 3. Zeile.

6 Augen. Ob man reicher wird: König von England, 6. Zeile.

9 Augen. Ob der Gefangene freikommt: König von Litauen, 9. Zeile.

3 Augen. Ob man kämpfen soll: König von Marokko, 3. Zeile.

6 Augen. Ob deine Liebste treu ist: König von Litauen, 6. Zeile.

9 Augen. Ob man sie zur Liebsten nehmen soll: König von Schottland, 9. Zeile.

3 Augen. Ob die Zeit zum Verhandeln günstig ist: König von Krakau, 3. Zeile.

6 Augen. Ob sich etwas Verlorenes wiederfindet: König von Apulien, 6. Zeile.

9 Augen. Ob man von seinen Sorgen befreit wird: König von Terrame, 9. Zeile.

3 Augen. Ob etwas Gewünschtes eintrifft: König von Litauen, 3. Zeile.

6 Augen. Ob ein Witwer oder Junggeselle heiraten soll: König von Dänemark, 6. Zeile.

9 Augen. Ob man seine Schulden bezahlen kann: König von Apulien, 9. Zeile.

Die Namen der Bäume: Tannenbaum, Ulme, Espe, Föhre, Fichte, Buche, Erle, Apfelbaum, Birnbaum, Zypresse, Setem (Weißdorn), Eibe.

3 Augen. Ob ein Witwer oder Junggeselle heiraten soll: König von England, 3. Zeile.

6 Augen. Ob man seine Schulden bezahlen kann: König von Marokko, 6. Zeile.

9 Augen. Ob der Kranke gesund wird: König von Marokko, 9. Zeile.

3 Augen. Ob man reicher wird: König v. Preußen, 3. Zeile.

6 Augen. Ob der Gefangene freikommt: König von Griechenland, 6. Zeile.

6 Augen. Ob man von seinen Sorgen befreit wird: König von Krakau, 6. Zeile.

9 Augen. Ob ein Mädchen oder eine Witwe heiraten soll: König von Griechenland, 9. Zeile.

3 Augen. Ob deine Liebste treu ist: König von Apulien, 3. Zeile.

6 Augen. Ob du jemand zur Liebsten nehmen sollst: König von Sizilien, 6. Zeile.

9 Augen. Ob man im Spiel gewinnt: König von Babylon, 9. Zeile.

3 Augen. Ob sich etwas Verlorenes wiederfindet: König von Griechenland, 3. Zeile.

9 Augen. Ob der Freund oder der Gesell zuverlässig ist: König von Dänemark, 9. Zeile.

Die Namen der Propheten: Habakuk, Isaias, Jonas, Jeremias, Elisäus, Ezechiel, Zacharias, Abdias, David (König David gehört nicht zu den alttestamentlichen Propheten, wurde aber im Mittelalter oft mit ihnen zusammen dargestellt), Michäas, Malachias, Daniel.

4 Augen. Ob etwas Gewünschtes eintrifft: König von Krakau, 4. Zeile.

10 Augen. Ob man seine Schulden bezahlen kann: König von Terrame, 10. Zeile.

7 Augen. Ob ein Witwer oder Junggeselle heiraten soll: König von Sizilien, 7. Zeile.

7 Augen. Ob ein Mensch, der auf Reisen ist, wiederkommt: König von Marokko, 4. Zeile.

7 Augen. Ob man reicher wird: König v. Ungarn, 7. Zeile.

10 Augen. Ob der Gefangene freikommt: König von Marokko, 10. Zeile.

4 Augen. Ob man kämpfen soll: König v. Litauen, 4. Zeile.

7 Augen. Ob deine Liebste treu ist: König von Marokko, 7. Zeile.

10 Augen. Ob ein Witwer oder Junggeselle heiraten soll (nicht wie irrtümlich in der Handschrift: Ob man jemand zur Liebsten nehmen soll): König von England, 4. Zeile.

4 Augen. Ob die Zeit zum Verhandeln günstig ist: König von England, 4. Zeile.

7 Augen. Ob sich etwas Verlorenes wiederfindet: König von Griechenland, 7. Zeile.

10 Augen. Ob man von seinen Sorgen befreit wird: König von Böhmen, 10. Zeile.

Die Namen der Flüsse bzw. Wasser: Das Meer, der Rhein, die Donau, der Inn, die Etsch, der Main, der Po, die Linsach (ungewiß, ob die Lindach, Nebenfluß der Lauter, oder die Linach, Nebenfluß der Breg gemeint ist), die Enns, der Lech, der Tiber, die Elbe.

35

2 Augen. Ob ein Witwer oder Junggeselle heiraten soll: König von Ungarn, 2. Zeile.

5 Augen. Ob man seine Schulden bezahlen kann: König von Sizilien, 5. Zeile.

8 Augen. Ob der Kranke gesund wird: König von Litauen, 8. Zeile.

2 Augen. Ob man reicher wird: König v. Apulien, 2. Zeile.

5 Augen. Ob der Gefangene freikommt: König von England, 5. Zeile.

8 Augen. Ob ein Mädchen oder eine Witwe heiraten soll: König von Reussen, 8. Zeile.

2 Augen. Ob deine Liebste treu ist: König von Babylon, 2. Zeile.

8 Augen. Ob deine Liebste treu ist: König von Sizilien, 8. Zeile.

2 Augen. Ob sich etwas Verlorenes wiederfindet: König von Terrame, 2. Zeile.

5 Augen. Ob man von seinen Sorgen befreit wird: König von Ungarn, 5. Zeile.

5 Augen. Ob man jemand zur Liebsten nehmen soll: König von Schottland, 5. Zeile.

8 Augen. Ob der Freund oder der Gesell zuverlässig ist: König von Marokko, 8. Zeile.

Die Namen der Städte: Padua, Paris, Venedig, Aachen, Jerusalem, Bethlehem, Sidon (biblische Stadt im Libanon, heute Saida), Ofen, Wien, Prag, Genua, Rom.

1. *Der König von Frankreich:*   127^r

2. Frage das Element Erde, ob der Kranke wieder gesund wird.

3. Heirate die Frau, du wirst reich durch sie.

4. Frage den Evangelisten Matthäus, ob die Zeit zum Verhandeln günstig ist.

5. Das Gewünschte trifft ganz sicher ein.

6. Frage den Altvater Moses, ob du kämpfen sollst.

7. Du wirst von all deinen Sorgen befreit.

8. Frage den Einsiedler Berchtold, ob du reicher wirst.

9. Es gibt keinen unbeständigeren Menschen als sie.

10. Heirate den Mann, bevor dir Schlimmeres widerfährt.

Unter dem Text die Jahreszahl 1459.

1. *Der König von Sizilien:*

2. Der Freund ist sehr zuverlässig, aber der Gesell nur so gut er eben kann.

3. Frage den Herzog von Brabant, ob der Kranke wieder gesund wird oder ob er sterben muß.

4. Du wirst bald von all deinen Sorgen befreit.

5. Frage den Ostwind, ob du deine Schulden bezahlen kannst.

6. Nimm sie zur Liebsten, sie wird dich sehr liebgewinnen.

7. Frage den Böhmerwald, ob du kämpfen oder ob du heiraten sollst.

8. Deine Liebste ist treu, aber nicht dir, sondern einem anderen.

9. Frage den Markgrafen von Brandenburg, ob du reicher wirst.

10. Heirate die Frau nicht, ihr würdet schlecht miteinander auskommen.

1. *Der König von Reussen:* 128^r

2. Spiele nicht, denn du verlierst sicher.

3. Der Gesell ist zuverlässig. Nach dem Freund frage den Bischof von Mainz.

4. Auf diese Weise wirst du deine Schulden nie zurückzahlen.

5. Frage den Recken Wittig, ob du kämpfen sollst.

6. Du sollst verhandeln, denn die Leute sind dir günstig gesonnen.

7. Frage König Artus von der Tafelrunde, ob du sie zur Liebsten nehmen sollst.

8. Du sollst noch nicht heiraten.

9. Frage den Einsiedler Bruder Meinrad, ob du dein verlorenes Gut wiederbekommst.

10. Deine Liebste ist treu, aber nicht dir, sondern einem andern.

1. *Der König von Babylon:*

2. Frage Wigalois den Gralsritter (nicht wie irrtümlich in der Handschrift: Iwein), ob deine Liebste treu ist.

3. Du kannst bezahlen, aber hüte dich in Zukunft vor Schulden.

4. Frage den Einsiedler Bruder Meinrad, ob du dein verlorenes Gut wiederbekommst.

5. Der Freund ist zuverlässig, aber der Gesell noch mehr.

6. Frage den Altvater Jakob, ob das Gewünschte eintrifft.

7. Der Mensch kommt nicht wieder, daran ist seine Unbeständigkeit schuld.

8. Frage den Einsiedler Bruder Wernher, ob der Gefangene freikommt.

9. Du sollst nicht spielen, sondern kämpfen.

10. Du wirst in kurzer Zeit sehr reich werden.

2. Das Verlorene könnte man schon wiederbekommen, wenn man ihm richtig nachspüren wollte.

3. Frage den Evangelisten Markus, ob du im Spiel gewinnst.

4. Frage den Südwind, ob der Gefangene freikommt.

5. Du wirst ganz sicher in kurzer Zeit sehr reich.

6. Du sollst nicht heiraten.

7. Du sollst verhandeln, du wirst dabei Erfolg haben.

8. Frage den Thüringerwald, ob du sie zur Liebsten nehmen sollst.

9. Es müßte schon ein großer glücklicher Zufall sein, wenn du von deinen Sorgen befreit würdest.

10. Du glaubst selbst nicht, daß du je deine Schulden wirst bezahlen können.

Terrame: unbekanntes Land, vielleicht in Anlehnung an den Heidenkönig Terramer in Wolframs von Eschenbach ›Willehalm‹.

1. *Der König von Schottland:*

2. Frage den Bischof von Trier, ob du kämpfen sollst.

3. Du mußt noch länger in Sorgen bleiben, wirst aber dann doch davon befreit.

4. Du sollst den Mann heiraten, du wirst reich mit ihm.

5. Frage den Raugrafen, ob du sie zur Liebsten nehmen sollst.

6. Der Gesell ist zuverlässig, aber der Freund ist sehr treu und zuverlässig.

7. Frage das Element Wasser, ob der Kranke gesund wird.

8. Du sollst heiraten, dann wird es dir noch besser gehen.

9. Frage Herrn Parzival vom Gral, ob du sie zur Liebsten nehmen sollst.

10. Du gewinnst im Spiel, wenn du dich dabei beherrschen kannst.

2. Der Gefangene wird frei, aber mit großer Mühe.

3. Frage den Bischof von Köln (nicht wie irrtümlich in der Handschrift: von Salzburg), ob du reicher wirst.

4. Der Kranke wird wieder ganz gesund.

5. Frage den Evangelisten Lukas, ob du sie heiraten sollst.

6. Spiele nur, denn der Gewinn bleibt dir, wenn du ihn bewahren kannst.

7. Frage den Bischof von Passau, ob das Gewünschte eintrifft.

8. Du sollst nicht verhandeln, es kommt für dich nichts Gutes dabei heraus.

9. Frage den Meister Aristoteles, ob der Mensch wiederkommt.

10. Der Gesell ist nicht besonders zuverlässig, der Freund dagegen sehr.

1. *Der König von Apulien:*

2. Du wirst reich und bleibst es.

3. Frage Herrn Lanzelot von der Tafelrunde, ob deine Liebste treu ist.

4. Du sollst noch lange nicht heiraten.

5. Frage den Heiden Cato, ob die Zeit günstig zum Verhandeln ist.

6. Du bekommst dein Eigentum wieder, es ist nicht verloren.

7. Frage den Landgrafen, ob der Gefangene freikommt.

8. Du sollst an diesem Tag nicht kämpfen, denn du wirst unterliegen.

9. Frage den Burggrafen (nicht wie irrtümlich in der Handschrift: den Grafen von Helfenstein), ob du deine Schulden bezahlen kannst.

10. Der Mensch kommt gesund wieder heim.

1. *Der König von Litauen:*

2. Ich rate dir, den Mann zu heiraten, denn er wird dir lieb.

3. Das Gewünschte trifft ohne Schwierigkeiten ein.

4. Frage den Lehrer Gregorius, ob du kämpfen sollst.

5. Der Mensch kommt gesund zurück.

6. Frage den Minnesänger Brennberger, ob deine Liebste treu ist.

7. Frage den Lehrer Hieronymus, ob du deine Schulden bezahlen wirst.

8. Der Kranke wird nicht wieder gesund, das hat eine geheime Ursache.

9. Der Gefangene kann nicht wieder freikommen.

10. Frage Herrn Tristan von der Tafelrunde, ob du sie zur Liebsten nehmen sollst oder wie du dich ihr gegenüber verhalten sollst.

Unter dem Text die Jahreszahl 1459 und die verschlüsselte Devise ›Gemasridhor‹, die aufgelöst als ›Gehorsam dir‹ zu lesen ist.

1. *Der König von Krakau:*

2. Der Mensch kommt wieder zurück, ehe er sichs selbst versieht oder zutraut.

3. Du sollst nicht verhandeln, verschiebe es noch länger.

4. Frage den Recken Gunther, ob das Gewünschte eintrifft.

5. Spiele nicht, du verlierst sicher.

6. Frage den Minnesänger Fuß, ob du von Sorgen befreit wirst.

7. Es tut dir sicher gut, zu heiraten.

8. Frage den Heiden Salygon, ob du deine Schulden bezahlen kannst.

9. Das Gewünschte trifft nicht ein, wenn nicht ein Wunder geschieht.

10. Frage den Schwarzwald, ob der Kranke gesund wird.

2. Frage den Gralsritter Herrn Lohengrin (nicht wie in der Handschrift irrtümlich: Herrn Gawein), ob deine Liebste treu ist.

3. Der Mensch kommt zurück und geht dann bald wieder auf Reisen.

4. Frage den Nordwind, ob du reicher wirst.

5. Dein verlorenes Gut bekommst du nicht wieder, denn es ist schon verzehrt.

6. Frage den Heiden Titus, ob du die Frau heiraten sollst.

7. Du sollst nicht spielen, denn du verlierst, was du auch anfängst.

8. Du mußt die Hoffnung aufgeben, denn das Gewünschte trifft nicht ein.

9. Der Freund ist nicht zuverlässig. Nach dem Gesellen frage den Herzog von Sachsen.

10. Du sollst an diesem Tag nicht kämpfen.

1. *Der König von Ungarn:*

2. Du sollst die Frau heiraten, bevor sie einen anderen nimmt.

3. Frage den Landgrafen vom Elsaß, ob der Gefangene freikommt.

4. Deine Liebste ist treu und beständig, aber du selbst bist es nur mäßig.

5. Frage den Altvater Isaak, ob du von deinen Sorgen befreit wirst.

6. Der Kranke wird nicht mehr ganz gesund, denn er ist zu schwer krank.

7. Frage den Recken Haym, ob du reicher wirst.

8. Du sollst spielen, denn du gewinnst; aber höre rechtzeitig auf.

9. Frage den Altvater Abraham, ob die Zeit zum Verhandeln günstig ist.

10. Das Gewünschte trifft ohne alle Schwierigkeiten ein.

1. *Der König von Griechenland:*

2. Du wirst deine Schulden noch in allen Ehren bezahlen.

3. Frage den Meister Sokrates, ob du dein verlorenes Eigentum wiederbekommst.

4. Der Freund und der Gesell sind beide ganz zuverlässig.

5. Frage den Minnesänger Moringer, ob deine Liebste treu ist.

6. Der Gefangene kommt frei durch die Hilfe guter Leute.

7. Frage den Lehrer Ambrosius, ob du dein verlorenes Eigentum wiederbekommst.

8. Der Mensch kommt sicher gesund wieder heim.

9. Frage Meister Alexander (nicht wie irrtümlich in der Handschrift: Hippokrates), ob du den Mann heiraten sollst.

10. Du wirst von deinen Sorgen nicht befreit werden.

1. *Der König von Marokko:*

2. Das Gewünschte trifft ganz sicherlich ein.

3. Frage den Recken Hagen, ob du kämpfen sollst.

4. Der Mensch stirbt auf Reisen.

5. Frage den Kesslerwald, ob du heiraten sollst.

6. Du glaubst selbst nicht, daß du je deine Schulden wirst bezahlen können.

7. Frage Herrn Wolfram von Eschenbach, ob deine Liebste treu ist.

8. Frage den Bischof von Mainz, ob der Freund zuverlässig ist.

9. Der Kranke wird nicht mehr ganz gesund.

10. Frage den Meister Seneca, ob der Gefangene freikommt.

1. *Der König von England:*

2. Du wirst von deinen Sorgen befreit, aber nicht so bald.

3. Frage das Element Feuer, ob du die Frau heiraten sollst.

4. Heirate die Frau nicht, denn sie ist nicht treu. – Du sollst nicht verhandeln.

5. Frage den Lehrer Augustinus, ob der Gefangene freikommt. – Die Frau paßt nicht zu dir.

6. Frage den Nordwind, ob du reicher wirst.

7. Frage den Einsiedler Paulus, ob der Freund oder der Gesell zuverlässig ist.

8. Du wirst von deinen Sorgen nicht befreit, denn du hörst auf niemanden.

9. Du kannst die Frau heiraten, aber du wirst sie schwerlich dazu bringen.

10. Der Zeitpunkt zum Verhandeln ist günstig. – Heirate die Frau, denn sie wird dir treu sein.

1. *Der König von Böhmen:*

2. Du sollst verhandeln, denn du triffst es vielleicht nie wieder so günstig.

3. Nimm sie zu einer Liebsten. – Heirate den Mann nicht, er wird sich hart und untauglich zeigen.

4. Frage das Element Luft, ob du im Spiel gewinnst.

5. Der Kranke wird nicht gesund und stirbt bald.

6. Frage den Meister Aristoteles, ob der Mensch wiederkommst.

7. Frage den Westwind, ob du die Frau heiraten sollst.

8. Dein verlorenes Eigentum bekommst du mit großer Mühe wieder.

9. Frage den Evangelisten Johannes, ob du kämpfen sollst.

10. Du bekommst dein verlorenes Eigentum wieder. – Du wirst von deinen Sorgen befreit, aber mit großer Mühe.

3. TEIL

Die vier Altväter

Abraham: Verschiebe die Verhandlung auf einen anderen Tag, denn heute gelingt es dir nicht gut.

Moses: Man muß an dem bestimmten Tag kämpfen, aber man wird kaum siegen.

Isaak: Du wirst von deinen Sorgen befreit durch den Rat guter Leute. Sei in Zukunft vorsichtig.

Jakob: Das Gewünschte trifft ein, wenn du dich klug verhältst und auf der Hut bist.

Mit den Altvätern sind die biblischen Patriarchen aus dem Alten Testament gemeint.

Sokrates: Man bekommt das verlorene Eigentum ohne Mühe zurück, denn es ist noch nicht weit gekommen.

Aristoteles: Der Mensch kommt gesund wieder heim, aber er hat viel Leiden ausgestanden.

Alexander: Du sollst ihn heiraten, es wird dir mit ihm wohlergehen.

Seneca: Der Gefangene bleibt noch lange in Haft und kommt dann doch ohne Lösegeld frei.

Die Meister sind Gelehrte aus der Antike. Hinter dem Meister Alexander, der im Spätmittelalter häufig als Verfasser von Gesundheitsregeln genannt wird, steht vielleicht der griechische Arzt Alexander von Tralles (525–605).

Markus: Du kannst ruhig spielen und gewinnst auch, aber der Gewinn ist dir nicht von Nutzen.

Johannes: Man soll heute nicht kämpfen, wenn man nicht großen Schaden nehmen will.

Matthäus: Du sollst verhandeln. Sei nicht zu übereilt, dann wird alles gut ausgehen.

Lukas: Du sollst die Frau heiraten, du kommst zu großen Ehren mit ihr.

Die Evangelisten sind durch ihre Symbole dargestellt: Johannes als Adler, Matthäus als Engel, Markus als Löwe und Lukas als Stier.

Gregorius: Man soll kämpfen, denn heute siegt man ohne Mühe und ohne Schaden.

Hieronymus: Du kannst deine Schulden bezahlen, denn du bekommst unverhofft Geld.

Augustinus: Der Gefangene kommt nicht frei und wird getötet.

Ambrosius: Dein Eigentum bekommst du wieder, aber nicht ganz; ein Teil davon ist schon verzehrt.

Die vier großen Kirchenlehrer des frühen Christentums sind mit den auf bildlichen Darstellungen üblichen Attributen gekennzeichnet: Papst Gregor d. Gr. (um 540–604) mit dreikroniger Tiara und Kreuzstab; Ambrosius (339–397) mit Bischofsmitra und -stab; Hieronymus (um 347–420) im Kardinalshabit hat den Löwen bei sich, und zu Füßen des hl. Augustinus (354–430) sitzt – nach einer bekannten Legende – das Kind, das sich bemüht, mit einem Löffel das Meer auszuschöpfen.

Paulus: Dein Freund ist zuverlässig, aber nach dem Gesellen frage den Grafen von Öttingen.

Berchtold: Du wirst nicht reicher, denn du mußt von deinem Besitz zu viel zusetzen.

Meinrad: Dein verlorenes Eigentum bekommst du wieder, wenn du dich darum bemühst.

Wernher: Der Gefangene kommt frei, aber er erleidet großen Schaden.

Unter den Einsiedlern sind nur Paulus Eremita, ein frühchristlicher ägyptischer Heiliger, und St. Meinrad bekannt, der im 8. Jahrhundert lebte und aus dessen Zelle das Kloster Einsiedeln in der Schweiz hervorgegangen ist.

Bischof von Mainz: Der Freund ist zuverlässiger als der Gesell; trotzdem sollst du auch den Gesellen nicht verschmähen.

Bischof von Passau: Das Gewünschte trifft ein, aber mit Müh und Not.

Bischof von Köln: Du wirst zwar reicher, aber es kostet dich viel Mühe.

Bischof von Trier: Man soll nicht kämpfen, denn man unterliegt und wird wehrlos.

Die Bischöfe von Mainz, Köln und Trier sind die drei geistlichen Vertreter des aus sieben Mitgliedern bestehenden Kurfürstenkollegiums. Die leer gebliebenen Schilde waren wohl, wie auf den folgenden beiden Seiten, für ihre Wappen vorgesehen.

Der Landgraf von Elsaß: Der Gefangene kommt bald ohne
große Mühe frei.

Der Markgraf von Brandenburg: Du wirst reicher an Ehren
und an Besitz.

Der Herzog von Brabant: Der Kranke wird nicht wieder
ganz gesund, denn seine Krankheit dauert schon zu lange.

Der Herzog von Sachsen: Der Gesell erweist sich als falsch
gegen dich, das wirst du erst später in vielen Dingen
merken.

Laienfürsten nannte man die vier weltlichen Kurfürsten, im Gegensatz zu
den auf der vorhergehenden Seite genannten geistlichen Kurfürsten. Von
den hier erwähnten Persönlichkeiten besaßen allerdings nur der Markgraf
von Brandenburg und der Herzog von Sachsen die Kurfürstenwürde.

Der Graf von Öttingen: Der Gesell ist in jeder Beziehung völlig zuverlässig.

Der Landgraf: Der Gefangene kommt bald ohne große Mühe frei.

Der Burggraf: Du kannst deine Schulden bezahlen; aber du mußt deine Angelegenheiten anders handhaben.

Der Raugraf: Nimm sie nicht zur Liebsten, sie wird dir Leid zufügen und du wirst es bereuen.

Bollstatter nennt hier nur seinen früheren Dienstherren, den Grafen von Öttingen, mit Namen. Der Land- und der Burggraf sind nicht näher bestimmt; es gab mehrere Land- und Burggrafschaften im Reich. Die Raugrafen waren ein Adelsgeschlecht am Oberrhein, nach ihrem Aussterben zu Ende des Mittelalters wurde der Titel ›Raugraf‹ von den pfälzischen Kurfürsten übernommen.

Wasser: Der Kranke wird wieder gesund und lebt noch lange
Zeit.

Feuer: Du sollst die Frau nicht heiraten, denn sie wird sich
nicht nach deinem Willen verhalten.

Luft: Spiele ruhig weiter und sei nicht zu übereilt, dann gewinnst du.

Erde: Der Kranke wird wieder gesund, aber mit Müh und
Not.

Parzival: Du kannst sie zur Liebsten nehmen, aber sie wird dir kaum treu bleiben.

Titurel: Deine Liebste ist überhaupt nicht beständig.

Wigalois: Nimm sie nicht zur Liebsten, sie ist dir nicht treu.

Lohengrin: Deine Liebste ist treu und beständiger als der Diamant.

Zum Kreis der Gralssage gehören genau genommen nur Parzival, Titurel und Lohengrin. Wigalois muß als Sohn Gawans eigentlich zum Artuskreis gerechnet werden; doch sind Grals- und Artussage im Laufe zahlreicher Um- und Weiterdichtungen des beliebten Stoffes nahezu miteinander verschmolzen.

König Artus: Nimm sie zu einer Liebsten, denn sie hat ein treues Herz.

König Rother: Du wirst von deinen Sorgen mit Mühe und Arbeit befreit.

Tristan: Nimm sie nicht zur Liebsten, du erhältst von ihr weder Worte noch Taten.

Lanzelot: Deine Liebste ist genauso unbeständig wie der Mond.

König Rother hat mit dem Kreis der Artusritter nicht die geringste Verbindung, er ist der Held eines in Bayern im 12. Jahrhundert entstandenen Spielmannsepos.

Nordwind: Ach wie reich du in kurzer Zeit werden wirst!

Westwind: Du sollst die Frau nicht heiraten, denn ihr werdet nicht übereinstimmen.

Ostwind: Du wirst schließlich deine Schulden bezahlen, aber sie werden dich lange Zeit drücken.

Südwind: Der Gefangene muß in der Haft sterben, dagegen ist nichts zu machen.

Böhmerwald: Du sollst kämpfen, denn du wirst Glück dabei
haben. – Nimm sie zur Ehe, sie bleibt dir treu.

Thüringerwald: Nimm sie zur Liebsten und bleibe ihr treu.
Es ist aber nicht vorauszusehen, ob sie dir auch treu sein
wird.

Schwarzwald: Der Kranke wird mit Mühe und Not gesund.

Kesslerwald: Du sollst den Mann heiraten, bevor etwas ande-
res eintrifft.

Der sonst unbekannte Kesslerwald lag vielleicht im Bereich der Kessel, eines
Flüßchens im Ries, nach dem auch das Kesseltal benannt ist.

Salygon: Du kannst deine Schulden bezahlen, darum gib acht, wie du beizeiten davonkommst.

Titus: Du sollst die Frau heiraten, denn sie bleibt dir treu.

Cato: Du sollst verhandeln, und berate dich mit klugen Leuten, das hast du nötig.

Darius: Du wirst noch reich werden, da gibt es gar keinen Zweifel.

Unter den sehr willkürlich zusammengestellten Heiden ist Salygon unbekannt. Titus war 79–81 n. Chr. römischer Kaiser; unter Cato ist wohl der römische Didaktiker zu verstehen, der um die Mitte des 3. Jahrhunderts n. Chr. die ›Disticha Catonis‹ verfaßte, ein im Mittelalter weitverbreitetes Schulbuch; Darius war der von Alexander d. Gr. besiegte biblische Perserkönig.

Hagen: Man soll kämpfen, man kann es auch zuversichtlich
tun.

Gunther: Das Gewünschte trifft ein, darum strenge dich an,
um es zu erreichen.

Haym: Freue dich, du wirst dich bald in großem Reichtum
wiederfinden.

Wittig: Du sollst kämpfen, es wird dir dabei gut gehen.

Die eigenartigerweise als ›wilde Männer‹ dargestellten Recken Hagen und
Gunther, Haym und Wittig, die z. T. aus dem Nibelungenlied bekannt sind,
erscheinen sämtlich auch im Sagenkreis um Dietrich von Bern. Sie treten
z. B. in dem Heldenepos ›Der Rosengarten zu Worms‹ auf; Gunther und Hagen sind dort unter den zwölf Beschützern von Kriemhilds Rosengarten,
Haym und Wittig stehen auf der Seite Dietrichs von Bern.

Fuß: Du wirst von allen deinen Sorgen befreit.

Wolfram von Eschenbach: Deine Liebste ist völlig unzuverlässig, und nicht erst seit heute.

Moringer: Deine Liebste ist treu, aber du hast sie doch nicht recht lieb.

Brennberger: Deine Liebste ist treu, aber nicht dir, sondern einem anderen. Man könnte meinen, sie stamme aus Flandern.

Unter den vier ›Buhlern‹ oder Minnedichtern bedarf Wolfram von Eschenbach als Verfasser einiger Minnelieder keiner Erklärung. Unter dem Moringer ist der Minnesänger Heinrich von Morungen zu verstehen, der Ende des 12.- Anfang des 13. Jahrhunderts lebte und dessen Gestalt durch das Lied ›Vom edlen Moringer‹ im Spätmittelalter lebendig geblieben ist. Auch der Brennberger, mit vollem Namen Reinmar von Brennenberg, gehört zu den Liederdichtern des 13. Jahrhunderts, an deren Namen sich später eine Sage geknüpft hat: er wurde der Held einer Dichtung ›Der Brennenberger‹. Noch die Meistersinger dichteten in einem seiner Töne. Ungeklärt ist bisher der vierte Minnedichter Fuß geblieben, dessen Name nur an dieser Stelle durch Bollstatter überliefert ist.

Die Seite mit den vier um eine beschriftete Scheibe gruppierten Engeln gehört genau genommen nicht mehr zum Losbuch. Es handelt sich um ein eingeschaltetes Einzelblatt, auf dem Bollstatter ganz allgemein gehaltene deutsche und lateinische Verse über die Losbücher und über die Wandelbarkeit des menschlichen Schicksals aufgezeichnet hat. Optisch ist die Seite in ihrer Anlage den vorausgehenden Vierergruppen angeglichen, so daß sie als dekorativer Abschluß des Losbuchs gewertet werden kann.

Die Verse in der Scheibe lauten im Original:

Äußerer Kreis: Du solt mit losbůchen / gottes willen nit versůchen / und ist wider den gelauben / und wůrdest geblennt mit gesehenden ougen.

Zweiter Kreis: Man wůrfft es durch ain kürtzweyle wol, / das dem bůche nyemant gelauben sol, / als der babst gebewt bey dem pann / frawen und man.

Inneres der Scheibe: O bona fortuna, / cur non es omnibus una? / Si non mutarer, / fortuna numquam vocarer. / Est rota fortune / variabilis ut rota lune, / crescit et decrescit, / in eodem sistere nescit.

Das spricht: / Das gluck ist synwell / und ist auch zu wenncken schnelle. / Die welt und des geluckes radt / vil eben und gleich ordnung hatt. / Die das wöllent vernemen, / die lassen sich diser rede zemen. / Gelůcke nyemants schonet, / die welte vil sawr lonet. / Geluckes rade will umbgon, / so will dye welte vil dienstes hon.

LITERATURHINWEISE

Ein Losbuch Konrad Bollstatters aus Cgm 312 der Bayerischen Staatsbibliothek München. Kommentiert von Karin Schneider. Wiesbaden 1973. Transkription 1976.

Mit weiteren Literaturangaben. Seither zum Losbuch erschienene Literatur:

Elisabeth Grünenwald, Das älteste Lehenbuch der Grafschaft Öttingen. Einleitung. Öttingen 1975.

Volker Mertens, Fuss der Buhler – ein unbekannter Minnesänger? In: Zeitschrift für deutsches Altertum und deutsche Literatur 104 (1975) S. 151–157.

In ähnlicher Ausstattung erschienen im gleichen Verlag

DAS ROLANDSLIED

in den Bildern der Heidelberger Handschrift
mit verbindendem Text und Erläuterungen von Wilfried Werner
112 Seiten mit 39 Bildreproduktionen, kartoniert DM 12,80

DAS MOSAIK VON OTRANTO

Darstellung, Deutung und Bilddokumentation von Walter Haug
140 Seiten und 24 Tafel-Abbildungen, kartoniert DM 16,80

KAISER FRIEDRICH II. UND SEIN DICHTERKREIS

Staufisch-Sizilische Lyrik in freier Nachdichtung
von Carl A. Willemsen
136 Seiten, kartoniert DM 19,80

ZUCHT UND SCHÖNE SITTE

Eine Tugendlehre der Stauferzeit mit 36 Bildern (16 davon farbig)
aus der Heidelberger Handschrift Cod. Pal. Germ. 389
»Der Welsche Gast« des Thomasin von Zerclaere
Einführung in Thomasins Verswerk von Friedrich Neumann,
Bildauswahl und Erläuterungen von Ewald Vetter
152 Seiten, kartoniert DM 16,80

FAKSIMILETEIL

Sortilogium ⁊c

Ie hebt sich an aber gar ain Geltz
amts lospruch das du nach dem sich,
welliches stuck du vnder den nach
geschriben articeldn haben wilt
So wurffst auff zwayen wurffeln was
du wilt on zwölff vnd aylff die gelte
nicht. Aber was du sunst wurffest
das sich Inn den grossen scherben vnd
wie vil augen du geworffen hast So
vil augen such auch In den scherben.
Hernach volgent So vindest du Inn
der selben zale alles warumbe du dan
geworffen hast vnd ob das In aine
scherben nicht möchtest vinden/ So
such In den andn allen/ biß du es fin=
dest warumb du geworffen hast.
So weißt dich dann die selbig
Scheybe dar Inn du dann dein zale
hast gefunden/ wa du das suchen
mer suchen sollt vnder den künign
So weisent dich dann die künig zu
den hindern scherben dar Inn dann
die altuatter haydnisch maister vnd
ander ritter vnd sager stond Oder
fragent die die selben dein sachen vnd
fragt selbs vnd wer das nicht gelaubt
der ist dannocht ain gutter teischen
vnd lasse dich nicht zu vast darauff
du wirdest anders gessst ⁊ dmeral

Das Sind die Stücke vnd Artickel
So dann In dem nächstgestheiben
lofspuch stondt dar bmj man danne
wikssen sol. So merck vnd spiz auf

Ob ainem das zu gee darnach
es stellet oder wirbet oder nit
Ob der geselle oder der feindt
gůtt sy oder nicht Do lůg drauff
Ob ain wittwer oder ain lediger ain
ee weib solle nemen oder nicht ʒ
Ob der Siiche genäß oder nicht
Ob ain mensch auß sy ob es here wider
kome oder steebe vnd der wegh od mit
Ob ains reycher werde oder nicht
Ob ain Jungfraure oder ain wittwe
ain eeman solle nemen oder nitt
Ob man auff den tach oder zeitt sull
vechten oder nicht od wie mü stu
Ob dein půl statt sy od nit · Ctm sol
Ob du mit spyl gewynnest od nit
Ob auff die zeitt gůtt tädingen sy
oder nicht das man sich darnach richt
Ob ettwaß verloren sy ob es wider
werd oder nicht, oder wie es ayn
Ob ains ain mensche Ctm daruß hab
In seinem Sÿn halt ob er es zu ein
liebe soll neme oder nicht So merck
Ob ains vergelten müg oder nicht
Ob der gefangen ledig werd od nit
Ob ains auß sorgen kome oder nicht

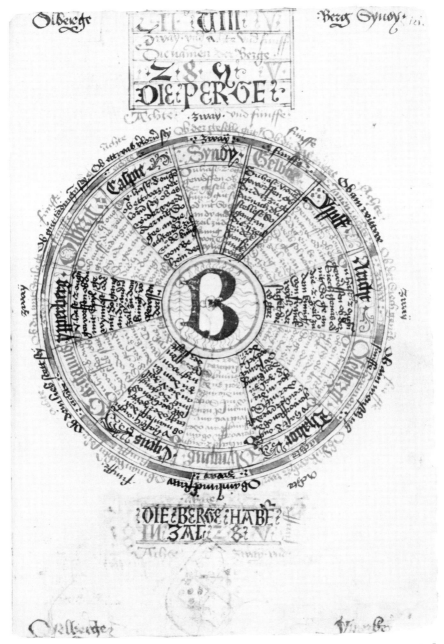

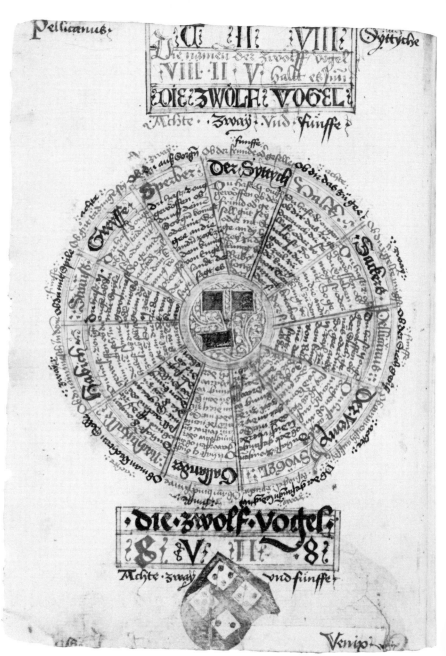

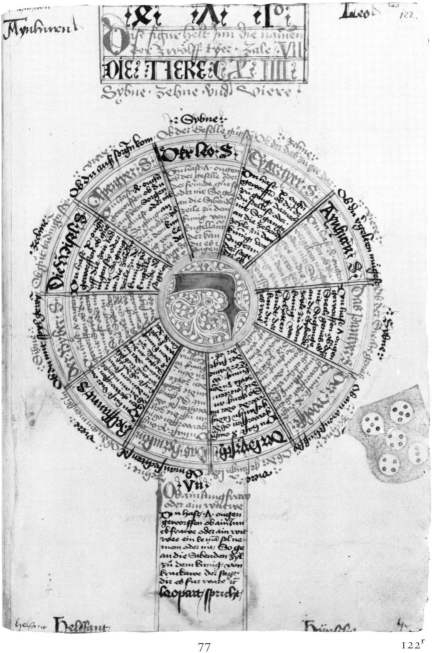

Dyts sindt dye namen der
zwolff wurtzen die halten Jnn
III VI IX das ist zale
dreu Sechse vnd Neune

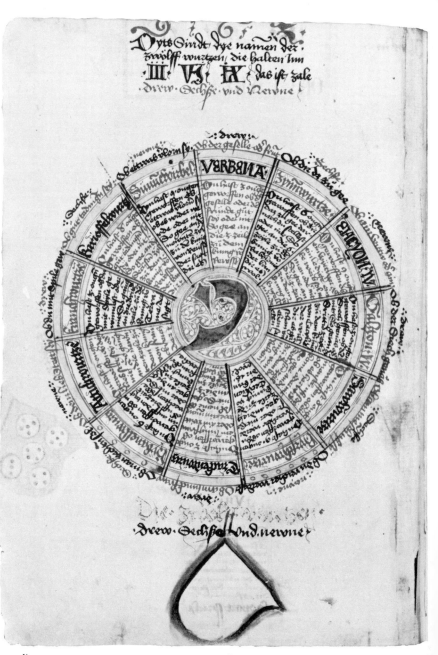

Die Frag...
dreu Sechse vnd neune

Das synd die namen der zwölff
krewter die halten die zale .tů.
8 UND ZWAY UND V
Achter zway sind fünffe

122

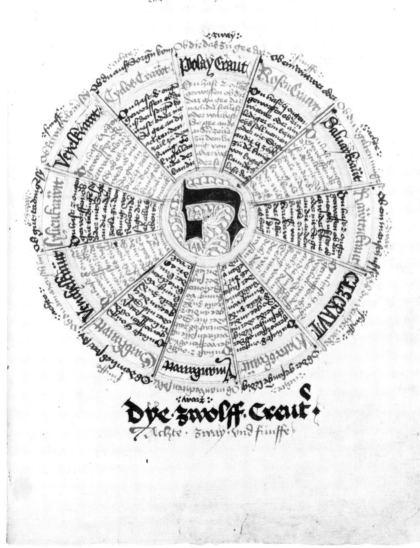

Dye zwölff creut
Achte zway und fünffe

79

123ʳ

Das Sindt die namen der
zwölff visch die Jnn zale

Zehne · Viere · vnd · Sibne

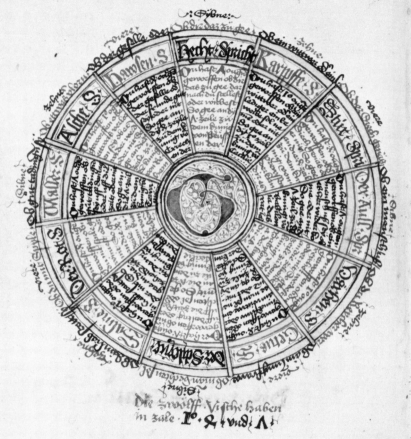

Die zwölff Vische haben
in zale

Die namen der zwolff Edeln
Gestain die haben In zale

Sechs ∘ Nevne ∘ vnd ∘ drewe

Die ∘ zwolff ∘ Edel
Staÿn

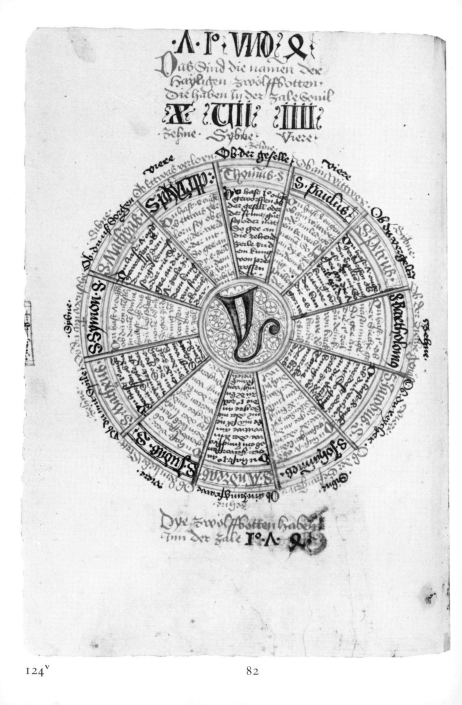

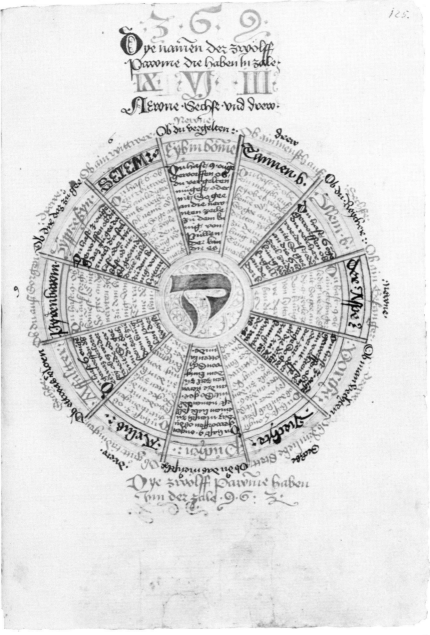

Die namen der zwolff
Parorne die haben in zale:

IX · VI · III

Newne · Sechst · vnd drew ·

Die zwolff Parorne haben
vnn der zale · 9 · 6 · 3 ·

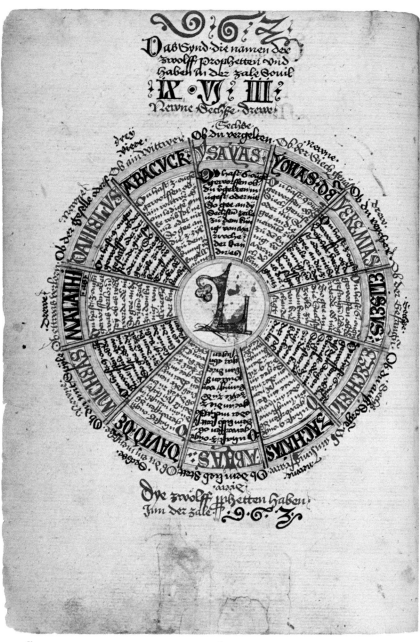

X · VII · IIII

Das synt dye namen der
zwolff wasser und haben
In der zale · I° · V · 2
zehne · Sybne · viere

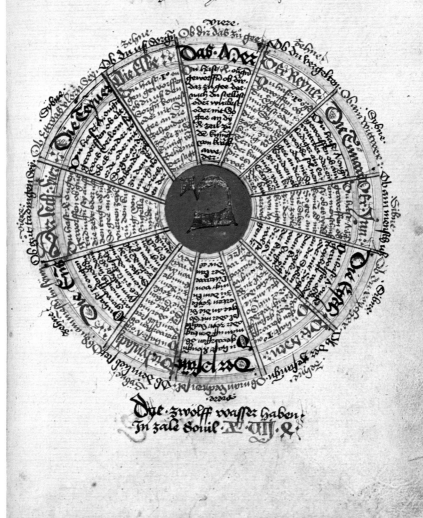

Dye zwolff wasser haben
In zale Somm · X · VII · 2

Das Synd die namen der
zwolff Stett vnd die haben
In der zale Souil 8 2 9
Achte zwaÿ fúnffe

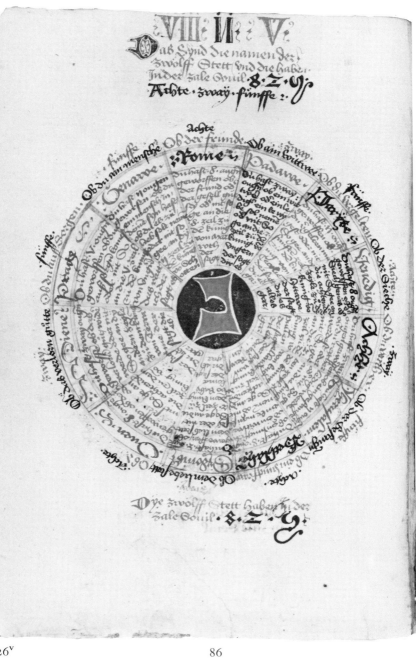

Dye zwolff Stett haben In der
zale Souil 8 2 9

Franckreysche

O Der künig von franckreych weyst dich
Frag das klement das da haysset erde
ob der sreche genesen muß oder sterb
Du solt das weybe nemen du wurdest
reyche mit ir das gelaube für war
Frage den ewangelisten Matheum
ob dir ir dädingen sey oder nicht er
Dir gut das ordenlichen zu daran helt
kainen zweyffele vnd gelaube mir für
am gantze warhaytt

E Rate den alt natt herren Moyses ob man
wechsten solle oder nicht der straft die es
solt dich fröwen wen du kumpst uß allen den
sorgen das gelaube mir für ain warhayt gar
Frage der dyrispel berchtoldt ob du reycher wurdest
ayn vnsteter mensch me gesehen han dan so ist er
Du solt den man nemen te dhe ain böses wider far

1899

Cecylyen

Er kunig von Cecylien spricht da rechte
ist gut ain gutter frinde Aber der geselle ist
als er mach sicherlichen das gelaube mir
frage den von Brauant den leyfursten ob der
rechte genast oder sterber oder nicht
vnd kumest scher vss allen deinen sorgen das wiss
frage den wynda der haysset Osten ob du ver
gelten muget oder nicht das kan dir dis sage
vnd sol sy zu ainem bilen nemen vnd wann du wurst
hast liebe das   wiss sicherlichen

Frage den Beheimer walde ob du sollest vechten
oder ob du ain weybe sollast nemen oder nicht
ein liede ist statt aber an dir nicht an deinen andern
Frage den holtzgrauen ob du reicher werdest oder nie
vnd sol das weybe nicht nemen wann ir werdent übel
leben mit ain ander das gelaube mir sicherlich

B. B.

(margin left top) Eyns · Zway · drew · vierte · fünffte · Sechste
(margin right top) Eins · Zway · drew · vierte · fünffte · Sechste
(margin left bottom) Sybne · Achte · Nevne · Zechne
(margin right bottom) Sibne · Achte · Nevn · Zehne

Von Rewssen

Ort künig von Rewssen weÿset dich da rechte
Vnd solt mit spilen wann du wollerueß scherzlich
Der Geselle ist gutt fragt den Bÿschoue von
Mentz ob dein frownd gut seÿ oder nitt · Tich
Vnd vleiß mit dein weÿßhaÿnner das wiß ich
Frag Oÿttigen den Recken ob man dechsen
stuß das   wiß für war

Frage zü der tafelrawnne künig Artuß ob du
sie zü liebe sollest nemen oder nichte das du
Vnd solt noch kunen man neme daz ist dir gut
Frag Brüder meinrott den hÿnnßdel ob das
gut wider werde oder nicht das ich mich wiß
Vnd in liebe ist. Stett aber an dir mit an ainem
andern

Babylonia

·Ains· I Der kunig von Babilonya sprychet I
da als du her.. nach horen werdest

·Zway· 2 Frage zu dem graule ybreyn den ritter 2
ob dein lieb stett seye oder nicht

·Drewe· 3 Du magst wol vergelten hettest du dich 3
furbass vor schulden das sage ich dir furwar

·Viere· 4 Frage bruder Meinrott ob das gut wider 4
werde oder nicht

fünffe 5 Der freunde ist gutt aber der geselle ·V· fün
ist gar gutt und besser ... macht·

·Sechse· 6 Frage den altvatter hern Jacob ob dir daz ding zugee 6

Sibne 7 Der mensche kompt nicht und das sein unstetter mut 7

Achte 8 Frage den ainsydel bruder Wernher ob der gefangen 8
ledig werde oder nicht der kan es dir vil wol

Newne 9 Du solt nicht spylen wan du must kriegen 9 Ne

·Zehne· 10 Du solt noch vast reych werden in kurtz weile mit de[n]
menschen 10 Zeh

Terrame

Er kunig von Terrame weyset dich da
Das Güt macht wol wider vorzden wer im
recht nach sett oder gen will das wiß
Frag den Euangelisten Marci ob du gewyne
Emit Spyle oder nicht der kan die es vil
frage den wynde Juden ob der gefangenn
ledig vorde oder mit der wilt dir es sage
So wurdest gar reyche in kurtzer weyle du
Habe keinen zwevsel an fir ain warhayt

Du solt kaine man neine der rat Ich dir Intrue
Du solt tödingd wann es gat dir vol darzü
Frage den Dirzinger wald ob du sie zü einem
lieb solt nemen oder nicht
Und solt du von deinen Sorgen komen das
müß ye von grossen vnd güten gelück sin
Du vergilbest nimer wann du wilt dir selber
nicht gelauben //

Mynß

Drew

Fünffe

1.
2.
3.
&
n.

Schotten

Er kunig von Schotten spricht da
rag den Bischove von Trygel ob man
echten sol oder nit
u müst noch Anger sin den yegen sin vnd
komest doch derauß
Gelt den man nemen wann du wurdest
reych mit sin
Frag den Rauhengrawen ob du sie sollest
zu ainem liebe nemen oder nit

1.
2.
3.
4.
5.

Zwag

Viere

Dein Gesell ist gütt aber der feind ist gar
getrewe vnd gütt
rag das kleinest wasser ob der Drech ye naß
Solt ain weyb nemen Ob gar es die dick
Frage zü dem Graule her parcziualle
Ob du die zu liebe sollest nemen
Verwinest mit Spyle ob du dich erhalten
macht

6.
7.
8.
9.
10.

Sechß

Sibne

Nerune

Acht

Zehn

Der künig von Preẅssen ſpricht da
der geuangen wirtt ledig aber mit groſſer
arbait das das ſich dir oſichterlich künge
Frage den biſthone von Saltzburg ob du
Kuerdeſt . . . der mit der ſiechen
Siech gneſt vnd wirtt allerding geſunt
Frage Evangeliſten . Lucas ob du ſie zu
Hainem Clemen

Chalcey

Syle waſt wan du gewynneſt Kanſter es be
frage den fürſten von paſſawe ob dir das
in gee oder nicht
du ſolt nicht tädingen wann es iſt dir nit gut
frage den mayſter Kriſtofflen obe der menſch
Eer wider kome oder nit
Eer geſell iſt nit gar gut Der freund iſt gar gut

6 6 Sechſe
7 7 Sÿben
8 8 Achte
9 9 Newe
10 10 Zehne

Lyttawe

ke kunig von lyttawe Sprichet Also
vnd man den man das ratt lch dir rawn er wirt
dir liebe das vich scherlichen fur vor
dir gutt das zu dise alle sprche das gelaube
Frage den lerer Gregori um ob man vechten
olle Ob ke menschen kumpt gesunder hare
wider das vich Frage den anymer bran
den dreger ob dein liebe Statt sey oder nicht

oder nichts
Frage den lerer peronimum ob du vchgelten muesest
ke dreche mag mit genaden das tut heimlich sach
ke gefangen kan ymmer ledig werden das vich
Frage zu der tauel darum herrn tristran ob du sie
olt nemen oder wie du es halten solt mit ir

8 1899
Genasendhor

95

Krackawe.

Er kunig von krackawe Sprichet also ❧
De mensche kompt, her wider he dann ez sich
selbs versicht oder getrawet das wisse
So solt mit tädinger verzeuch es lenng ee ❧
Frage den Recken Bunther ob du das zu ge
erste nicht du verlewrst Sicherlichen
frage den myner Sun sirb / ob du aus strite
komest oder — ❧ nicht ❧

ynne ain man das ist dir sicherlich gut
frage Dalyton den haydan ob du verzelte
muost oder nicht der kan dir es sagen
Sglaut dir nicht zu Sgeschehe dann vand
lichen darnach wisse dich zu richten ❧
Frage den Swartzwalde ob der Siech genas oder mit

Er kunig Von Tennmarck sprichet
Frage zu dem Grauff her Gabrieln ob
dein lieb Brett seÿe . . . . . Er vider auß
Der mensch kompt her vider vnd gat shier
Frage den wind Norden Ob du recher
Erderdest . . Oder nit . . . .
Das virtt würtz nicht vider dan es ist zu
O male . . . . verzert

Frage den Hayden Tyttrin ob du das roeÿbe
solt / neinen / Oder nit / Er dar ynneß
Du solt nit Spÿlen wan du volerrst / roes du
solt dauon lassen / wan es gat / dir nit zu
Er freÿnd ist / nit gut ombt den geßellen
Frage den hertzogen von Sachssen
Man soll off dise zeÿt mit vechten das
verrat Ich

Er kung von Vngern Weÿsset dich
VSolt das weybe nemen be das sie ainē
andern näme das raut Ich dr
ſrage den lanntgrauen obe der gefange
ledig werde oder nicht
Ein lieb iſt Stett vnd trew aber du biſt
Inn das mässe ich

ſrage den Alexander herrn Yſchac ob du biſt
ſr dich voirt nÿmer gar geſund voaine
es iſt ſu kranck worden Es werdeſt
ſrage haymē den recken ob du veydne
VSolt ſpÿlen wan du gewÿnneſt vnd ſo
beÿ zeit vff das raut Ich dir es dinge ſy
ſrage den Menart vnd Abraham ob gut en
alls ding das gat dir zu one alle ſorg des
den
trÿſt ſorigen
kontaſt

Der künig von kriechen sprich
Du vergiltest noch wol mit allen eren
Frage den Mayster Socratum Ob das
gute wider werde oder nit
Der frunde ist gut der geselle hat ouch
gantze trew das sage Ich dir sicherlichen
Frage den mynner vnd liebhaber den
honiger Ob dein liebe stett sey oder
nicht

Gut hie

Der gefangen wirt ledig vnd das mache
Frage den lerer Ambrosium Ob das gut
wider werde oder nicht
Der mensch kompt noch gesunder herwid
hayme dis sache Ich dir fürwar
Frage Mayster Ypocras Ob du den man
solt nemen oder nit
Du kanst mit wol auß deinen Sorgen
komen

Der kunig von Marroth sprach also
dir get das dinck zu das wisß fur ain war
hayt sicherlichen, on allen zwyfel
Frage Hasen den recken ob man rechten sol
Der mensch stirbt uff der zeyt das wisse
Fräge den besten waldt ob es fur war
du aine man solt
nemen

nu verhilfest nymer wann du wilt dir
selb nit gelauben das wisß sicherlich
Frage hern Wolffram von Eschenbach
Ob dein lieb stett sey freund gut sy
Fräge den Bischove von Mentz ob der
der Siech wirt nymer gar gesundt das
Frage den Maister Sencam es wisß
ob der gefangen ledig werde

Er kimpt von Engellande ◊ Meyster
Du komest auß deinem borgen aber kurtz-
lich mer das sage Ich dir ◊ solt nemen
frage das element fewr Ob du das weyb
Sein die mit zu aim beschlag wann sie ist mit
getrewe ◊ Du solt nit tädingen
frage An.

gestin ob der
fangen le-
digt wer-
de ⁊

❡ Werdest
Frage den wynd Norden Ob du reycher
Frage den wynzdel Paulum Ob der
Freunde oder der geselle gut seye
Du komest nit uß dem borgen vnd du vol
gest nyemant das wiss ❡ nach dir
kumt das weyb aber du bringest sie hart
Q ist gut tädingen ◊ Nym sie zu same weyb
wann sie ist dir getrewe ◊

Iz kunnt von Behand der weyset dich albre
Vsoltz tädingend waun du geroynmest es villeycht
mmez inez als gütt
Vnnd sie zu liebe uff mach Rym des Mannes
mincht er worzet dir hart vnd entruget haffti
Erage das element laste ob du mit Spyle ge
roynmest der mcht
Der dich geynst mit
annd starbt in
hez
weysle

DER KVNNIG VON BEHEM ODER SPRICHT VMB

hez
wider
kome

Erage den Mayster Aristotiles ob d Mensche
Erage den wynd woester ab du das weyß sole
vremen der mit
Das gür worzt wider aber mit grosser arbeyt
Erage den Euangelisten Johanes ob ina rechte sol
ab gür wirtz wider Du kompst uß degen
aber var hartt

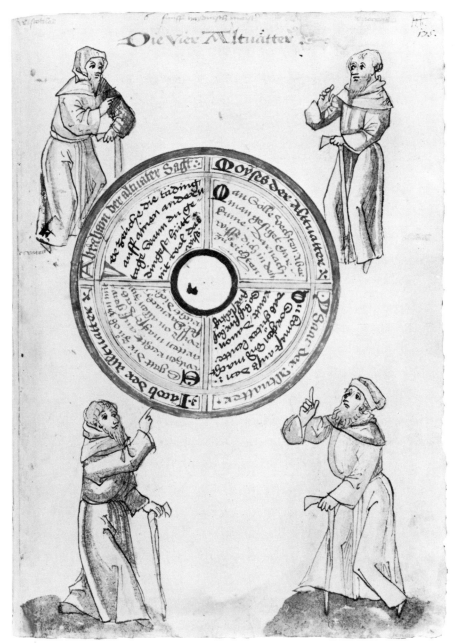

Die Vier Lerer

Gregorius Lerer

Man sol hüt setzen / wann man erbeitzt an dne mue on den großen schaden

Jeronimus Lerer

Ambrosius Lerer

Augustinus Lerer

Die Vier Bischoue ⁊c

Der Bischoue von Mentz

Der freündt vier wa(...)
der fremd das gesche(...)
vnd doch sollt du (...)
in haben vnd ni(...)
beschmäe(...)

Es gillt geleich
wie wir dir
grose werdung zu
(...)allen zweyse(...)

Man soll nicht schre(...)
Sigloß oue (...)
(...)wie (...)
(...)

Der Bischoue von Pa(...)

Der Bischoue hat (...)

Der Bischof von Eoft(...)
(...)Here es(...)
(...)gib on
(...)zweise

Landtgraf von Elsaß

Der Marggraf zu Brandeburg

Der Hertzog von Brabant

Der Hertzog von Gellen

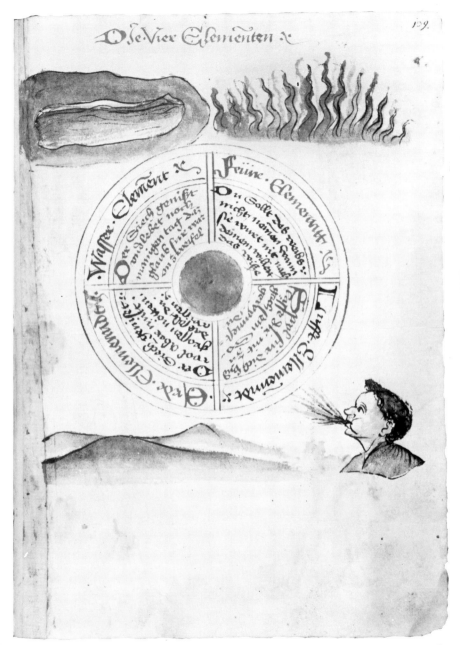

Ole Vier Elementen x.

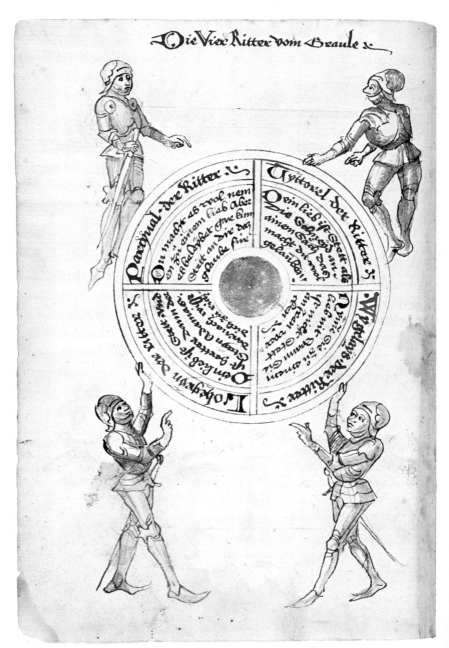

Die Vier Ritter vom Graule

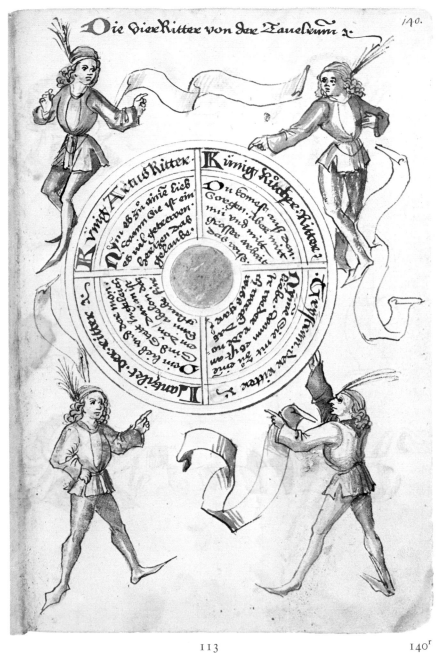

Künig Artus Ritter

Nun eß zu dise ließ kompt Sie yst ein eß vil geberaren hartzen das holands.

Künig Ritcher Rittor ?

Du tomast auf den Sorchu, aber mit mir und mit großse arbait das rest.

Treystam der ritter ꝛ

Mandset der ritter ꝛ

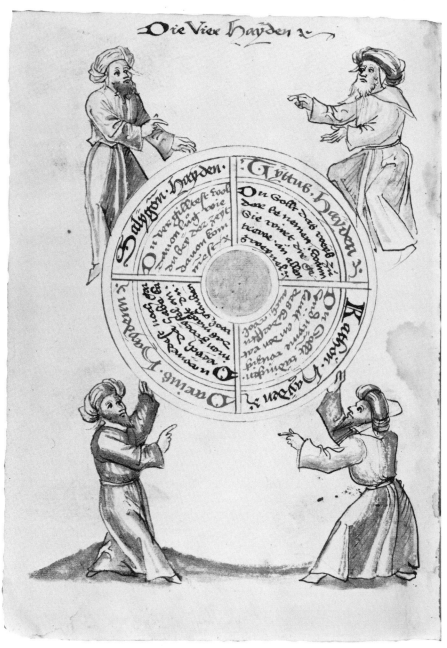

Die Vier Hayden

Wolffrann von Eschennpach

Dein lieb ist stät / als das ein Bret / vndt geh mit es an das nacht / Es du glaubn

Diß der Puler

Ich kom aus allen / deinen gefallen / zu hab dain / trost stet an / das massß

Dornger Puler

Dein lieb ist stät vnd / stät des Stet kan / wesser Leib zu / Dein gedanck verden hir

Bernheiger Puler

Dein lieb ist / mir jnst / an die stett / in andern / leib / vnd ...? / Die vor die / Reiniglich

O bona foetuma-
tue non es ombre.
vna et Die non mutavese
foetuma nuq̃ vocaresse et Est
rota foetume variabilis ut rota
lune et Cressit dicessit Insoda
istore nestit et Das spreicht das
stuck ist synvell et vnd ist auch zu
veineten schnelle
Die welt vnd das geluckes radt et vil eben
vnd gleich ordnung hatt et Die das vul
lant vernemen et Die lassen sich dise
rede zemen et Geluicke nyemants
schonet et Die welte vil stvor-
lonet et Geluickes radt will
vmb gon et Do will dye
welte vil drensten
von re

FÜR DEN FREUND ALTER HANDSCHRIFTEN

SCRIPTORUM OPUS

Schreibermönche am Werk

1971. 4°. 32 Seiten, flexibles Leinen, DM 38.–

DER BAMBERGER PSALTER

Faksimile des Codex Msc. Bibl. 48 der Staatsbibliothek Bamberg

1973. 122 Seiten Text und 16 Tafeln, davon 2 farbig, sowie 66 Faksimiletafeln, davon 26 farbige Reproduktionen, Format 20x28 cm, Halbpergament DM 750.-

CIMELIA HEIDELBERGENSIA

30 illuminierte Handschriften der Universitätsbibliothek Heidelberg

1975. 4°. 104 Seiten mit 40 Tafeln, davon 16 farbig, Leinen. Preisempfehlung DM 120.–

CIMELIA MONACENSIA

Wertvolle Handschriften und frühe Drucke der Bayerischen Staatsbibliothek München

1970. 4°. 112 Seiten mit 24 Tafeln, davon 12 farbig, Leinen DM 64.–

ZIMELIEN

Abendländische Handschriften des Mittelalters aus den Sammlungen der Stiftung Preußischer Kulturbesitz, Berlin

1975. 8°. XV, 306 Seiten mit 110 Tafeln, davon 40 farbig, kartoniert. Preisempfehlung DM 36.–